十五、十六世紀
葡萄牙、西班牙海上探險路線簡圖
半島
君士坦丁堡
中海
亞歷山大港
開羅
紅海
洲
肯亞
馬林迪
印度洋
望角
中國
印度
台灣
太平洋

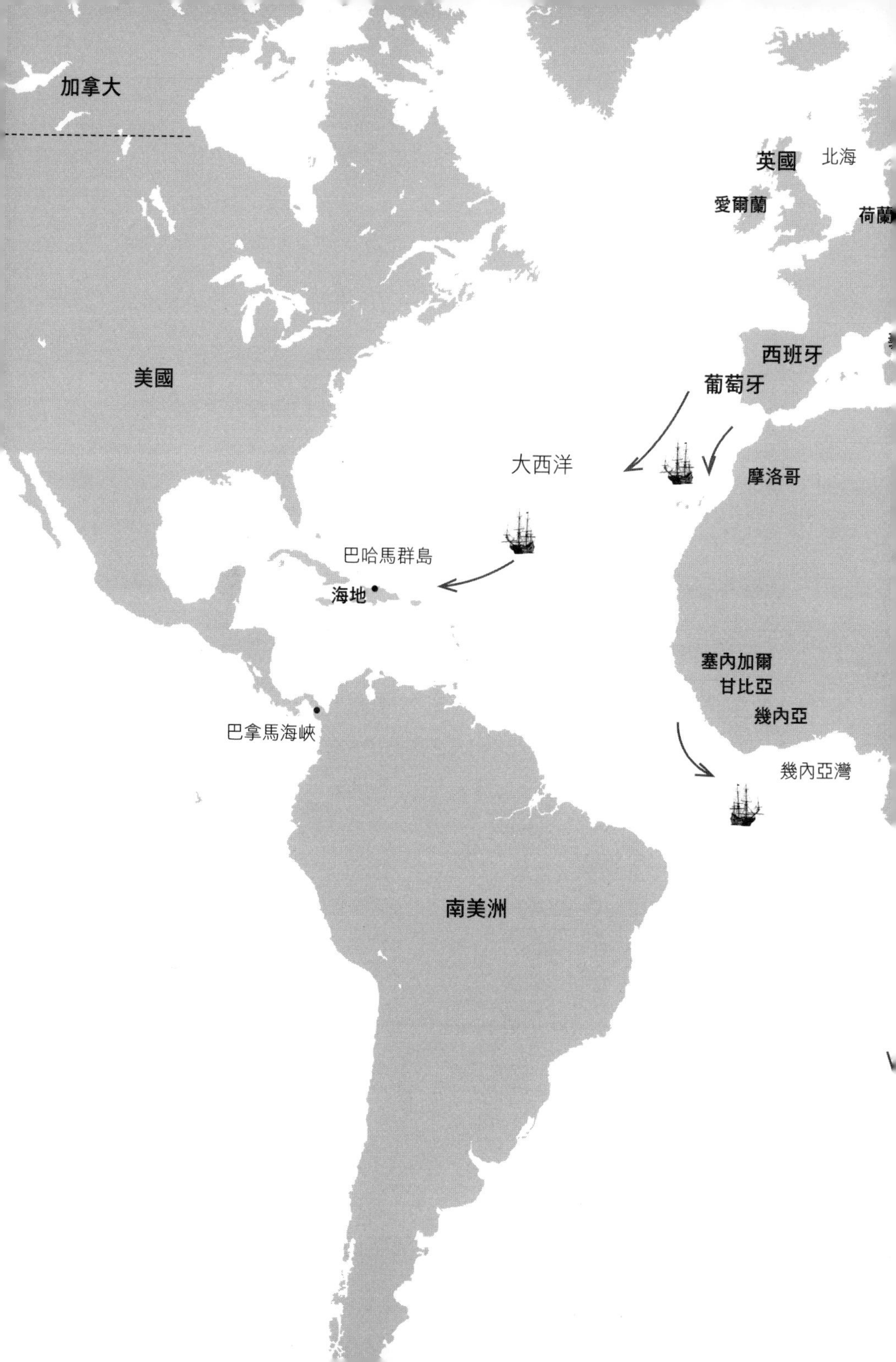
加拿大
英國
北海
愛爾蘭
荷蘭
美國
西班牙
葡萄牙
大西洋
摩洛哥
巴哈馬群島
海地
塞內加爾
甘比亞
幾內亞
巴拿馬海峽
幾內亞灣
南美洲

500年全球貿易進化史

貿易戰爭

{韓青 高先民 張愷華} 編著

推薦文

貿易史，鑑往知來更懂今

台大經濟系教授、台大人文社會高等研究院副院長
林建甫

經濟學家大概沒有不贊成自由貿易的。因為理論上自由貿易可以提升人民的福利。但實務上是否如此？模型有太多的假設條件，而現實的世界是非常複雜。如何從現實世界得到教訓，歷史其實是不二來源。

然而這幾年在經管學院，經濟史、商業史的課紛紛被取消。有幾個原因。找不到專業老師、沒有老師願意兼差教、學生沒有學習的興趣、沒有合適的教材等等。這裡面最嚴重的就是沒有合適的教材。**因為本書的出現，這個問題可能要改觀。**

其實現在大專院校的師資比起二、三十年前是好了很多，不但海外學成歸國的多，連國內我們都培養了大批的博士、碩士。但是一方面，歐美經管博士的訓練過程，都是以數理模型量化的課程為主，另一方面發展史、思想史的課程也是逐漸取消。台灣出去的留學生，主修是經濟史的幾乎沒有。因此找老師教經濟史、商業史的課程，成了各校系主任一個頭痛的問題。

大家或許納悶：唸到了博士，也算是學有專精。商管博士，要教商管相關歷史課程，有什麼難的？首先，一位熟悉模型分析的學者，對假設條件、推理及演譯、資料實證的操作要求會儘量求其嚴謹，以避免邏輯上的瑕疵。因此當要開授歷史相關的課程，要生動有趣，文情並茂、要通貫古今就有點不對味。其次，準備一門歷史的課，感覺範圍廣泛，沒有一本好的教科書，準備起來事倍功半。這兩點對現代的大專院校老師，忙碌於準備評鑑考核的學術論文，要上歷史課程是備感艱辛。過去有些同仁勉強去教，因為沒有好的教材，準備半天，累死自己，學生也引不起興趣，最後都宣告放棄。

長久以來，我覺得學生在這種數理模型的訓練下，缺乏人文素養的培養，越來越剛毅木訥，沒有論述的能力。人文素養的培養，透過歷史的學習是很重要的。取消經濟商業史的課程，是不對的。學習歷史很有趣，歷史裡面充滿了各式各樣的故事，況且我們本來就很愛聽故事。這本書可以把你年少好奇的心找回來。

很高興有這本書的誕生。這本書雖然叫做《貿易戰爭：500年全球貿易進化史》，作為經濟史、商業史的課程教材也非常合適。尤其是**這本書絕對不是枯燥的教科書**。**作者的寫作，就是以一連串的故事（事件）串連起來的**。**因此不是年代、人名、地點堆砌起來無聊的記敘，而是有血有肉有感情的故事**。另外，為了讓讀者能夠一氣呵成地享受故事的感覺，作者將骨幹外，稍遠的背景及較複雜的名詞解釋以註解的方式呈現。因此行有餘力的讀者，還可以有更深一層的體會。

本書內容的架構：第一篇談從重商主義到自由貿易；第二篇論自由貿易，大旗易主；第三篇是自由貿易，誰主沉浮；第四篇為全球化的陰謀與愛情；第五篇則是多極化的時代變局。全書以自由貿易的理念及實踐變化貫穿，作者娓娓道來，現今的世界經濟是如何演變形成的。因此架構邏輯還是清晰明朗，讓讀者很容易抓到其大綱主旨。但是**每一篇下的三章及其小節卻又是相當生動活潑，光看名稱，就足以吸引讀者關愛的眼神**。例如一部關於香料的傳奇、葡萄牙「將世界踩在腳下」、讓世界信賴的「海上馬車夫」（荷蘭）、從海盜開始的海外貿易等等。**每一個章節後面都蘊藏著動人的故事**。我們過去說假如教室像電影院，假如**教科書像小說**。前者看起來似乎很難，但是現在的硬體設備都做得到。但是後者就**要像這樣有趣的書本才能達到，很不簡單！**

其實這本書還有很重要的目的，**作者一直在傳遞一個訊號，中國要怎麼走，往哪裡去？過去的歷史，有沒有給我們的教訓？**除了最後一章，作者的總結，其實每一篇也都有本篇後記。第一篇強調創新；第二篇說明自由貿易大旗異主的背後是國家經濟實力的此消彼長；第三篇比較德國、日本經驗，讓我們借鑑經驗規避教訓；第四篇論述現在全球化的利益與風險，尤其現在的貨幣戰爭；第五篇從金融風暴的反思，批判了保護主義。**本書的觀點跟過去這些議題的西方書籍有很大的不同，例如鴉片戰爭、中國走進世界、對美元質疑、面對人民幣升值壓力等章節，都與我們有直接關連，也道出了我們的心聲**。

這是一本想要了解經濟大趨勢、關心中國、情繫台灣的人所不能忽略的書。千言萬語，我無法形容於萬一。還是讓讀者自行開卷，慢慢細嘗品味。

目次

| 第一篇 |

從重商主義到自由貿易

自全球貿易初具雛形之日起，「戰爭」就如影隨形。有關貿易的戰爭形式多種多樣，既有純粹商業性質的競爭與博弈，也有因此而引發的真正軍事意義上的戰爭，甚至是大規模的戰爭。想要釐清「全球貿易」以及「貿易戰爭」的前因後果，我們須先把視線拉回15世紀，因為在那之前，「世界」這個很現實的概念只存在於人們的推測與臆想當中。隨著「地理大發現」之後，世界終於被連成一體，一場場驚心動魄的貿易戰爭也開始不斷上演著。

前言

一部關於香料的傳奇

十五世紀。

那時候的中國正在大明帝國的統治下，實行著「海禁」[1]政策。《大明律》對所有的對外貿易活動都嚴加控制，外國商人只能通過古老的「絲綢之路」和中國進行少量的貿易往來。雖然鄭和曾經七次下西洋，與所到國家均有過商品交易，但這更多是為了宣示天朝上國威德的「朝貢貿易」。凡是想要和中國開展貿易的國家，首先得要承認中國為宗主國，然後借中國和附屬國官方使節往返的機會，以禮物餽贈的方式進行商品交易。而秉承「朝貢貿易」理念的中國往往堅持多給少取的原則，寧可吃虧，也要維護天朝上國的尊嚴。這種帶有強烈政治色彩，有嚴重「逆差」的貿易關系顯然難以為繼。就這樣，儘管中國率先開始了征服海洋的歷程，並且當時的中國在航海技術上處於領先地位，但在由誰來創造世界貿易格局的「初戰」中，中國並沒有繼續保持這種優勢。

那時候的美洲大陸還沒有被「發現」，當地的土著民族也還沒有被命名為「印第安人」。大海以外的世界，對當時人們來說，依然是那樣的遙遠與神秘。

與此同時，歐洲正醞釀一場巨變，這場巨變不但促成現代世界貿易格局雛形的形成，也促使人類社會邁出從分散發展向整體發展的關鍵一步。而推動這一歷史性變革的，竟然只是一種毫不起眼的東西——**香料**。

當時，香料在歐洲的政治、經濟和日常生活中有著極其特殊的地位。雖然已經是十五世紀，歐洲人的食譜依然十分簡單，麵包、粥、洋蔥等食物除了鹹味外，沒有其他特別的味道，因此，口感鮮美的肉食成了歐洲人餐桌上的重要部分。歐洲的牧草不能過冬，因此必須在入冬之前就宰殺家畜，並製成火腿等醃製品以便保存。那時候沒有冰箱，食品儲存的方式十分原始，為了去除牛羊肉及魚肉的腥膻氣味，加上曾經席捲歐洲的「黑死病」在人們心中留下的恐懼感，香料成了儲存和烹飪過程中不可缺少的物品。

「黑死病」是人類歷史上最嚴重的瘟疫之一，起源於亞洲西南部，約在十四世紀中期蔓延

❶【海禁】古代的中國政府為了整頓沿海治安、清理走私、保障社會安定，採取一種禁止民間人士私自出洋從事海外貿易的政策，又稱洋禁。明代海禁始於明初，終於隆慶，主要目的是遏止東南沿海倭寇的侵擾。在海禁時期，海洋貿易體系主要通過朝貢和官辦的方式進行。一三七四年，明政府下令撤銷自唐朝以來就存在的、負責海外貿易的福建泉州、浙江明州、廣東廣州三市舶司，中國對外貿易遂告斷絕。一三九四年，為徹底取締海外貿易，明政府又一律禁止民間使用及買賣舶來的番香、番貨等。一三九七年，明政府再次發布命令，禁止中國人下海通番。為防止沿海人民入海通商，明朝法律規定了嚴酷的罰則：「若奸豪勢要及軍民人等，擅造三桅以上違式（違反規定）大船，攜帶違禁貨物下海，前往番國買賣，潛通海賊，同謀結聚，及為嚮導劫掠良民者，正犯比照已行律處斬，仍梟首示眾，全家發邊衛充軍。其打造前項海船，賣與夷人圖利者，比照將應禁軍器下海者，因而走洩軍情律，為首者處斬，為從者發邊充軍。」（《大明律》）明政府也不放過參與買賣外國商品的居民，「敢有私下諸番互市者，必置之重法，凡番香、番貨皆不許販鬻，其現有者限以三月銷盡」。

在15世紀的歐洲，享用中國生薑和印度胡椒是富人的標誌。當時，任何一個想發財致富的商人，都希望從事香料販運生意。

到歐洲。這場瘟疫在全世界造成約七千五百萬人死亡，其中有二千五百萬為歐洲人。據估計，中世紀歐洲約有三分之一的人死於「黑死病」。

胡椒、肉桂、丁香、生薑、肉豆蔻[2]等，都是理想的調味品，但這些歐洲本地都不生產。因此，都必須從東方進口。

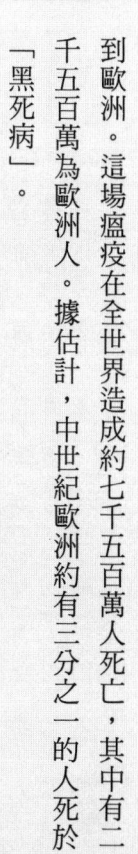

活躍在印度洋和紅海的阿拉伯商人把香料從產地運抵開羅，地中海沿岸的義大利城市商人再把它們轉銷歐洲各地。幾經轉手，香料售價昂貴，販運利潤奇高。以白銀為貨幣計算，一千克胡椒在產地印度的價格為一至二克白銀，在亞歷山大港的價格達十到十四克白銀，在威尼斯更是達到十四至十八克白銀，在歐洲各消費國則高達二十至三十克白銀。因此，享用中國生薑和印度胡椒成了富人的標誌，丁香和肉豆蔻更是只有王公貴族才敢問津的珍貴調味品。當時，任何一個想發財致富的商人都希望從事香料販運生意。

十五世紀中葉，歐洲人口迅速增長，對香料的需求加大。與此同時，地中海東部風雲變色，政治形勢發生重大變化。鄂圖曼帝國[3]的軍隊攻陷了君士坦丁堡，佔領西亞、北非和東歐巴爾幹半島的部分地區，阻斷了東西方之間的通商要道。傳統香料貿易的商路，被與歐洲人處於敵對狀態的土耳其人牢牢掌控。即使花費高昂的價錢，歐洲人依然得不到足夠的香料。失去調味品的日子，讓常年食用醃肉的歐洲人焦躁不安，於是開始尋找打破貿易困境的出路。

當然，歐洲人尋找的絕不僅是香料。此時的歐洲正陷於早期重商主義❹的狂熱中，無論是王公貴族還是一般民眾，都認為黃金、白銀是衡量財富的唯一標準。一切經濟活動的目的都是為了獲取金銀，一個國家擁有的金銀越多，就越富有、越強大。此時歐洲人的信條就是：「沒有黃金就不能維持下去，有了黃金就會擁有一切。」

隨著「黑死病」的影響漸漸消除，歐洲商貿經濟逐漸繁榮，因此需要更多的貴金屬作為支付手段。而在一千五百年前後，歐洲的黃金、白銀存量卻分別只有三五六四．五噸和三．七四二七三萬噸，貨幣嚴重不足。除了開採金礦和銀礦之外，獲取金銀的手段只能依靠對外貿易。

---

❷【肉豆蔻】肉豆蔻科常綠喬木植物，為熱帶著名的香料和藥用植物，主產於馬來西亞、印尼，中國廣東、廣西、雲南也有栽培，冬、春兩季果實成熟時採收。其種仁可入藥，治虛瀉冷痢、脘腹冷痛、嘔吐等；外用可以驅除寄生蟲，治療風濕痛等。此外，還可當調味品、工業用油原料等。

❸【鄂圖曼帝國】土耳其人創立。始王為鄂圖曼一世，初居中亞，奉伊斯蘭教為國教，後遷至小亞細亞，日漸興盛。極盛時，勢力達歐、亞、非三大洲，佔領有南歐、中東及北非的大部，西達摩洛哥，東抵里海和波斯灣，北及奧地利和羅馬尼亞，南及蘇丹。在滅亡東羅馬帝國後，定都君士坦丁堡（改名伊斯坦布爾），以羅馬帝國繼承人自居，視自己為天下之主。他繼承了羅馬帝國及伊斯蘭文明，並融合了東西方文明。

❹【早期重商主義】產生於十五至十六世紀中葉，以貨幣差額論為中心，強調少買。英國威廉斯．塔福是該時期代表人物。早期重商主義者主張採取行政手段，禁止貨幣輸出，反對商品輸入，以貯藏較多的貨幣。

但在東西方貿易中，歐洲人需要大量的東方產品，例如香料、絲綢、瓷器，卻苦於拿不出能夠吸引東方人的產品用於交換，因此只能以貨幣支付。在「地理大發現」之前，歐洲大約消費了一萬公擔胡椒和一萬公擔（公擔是公制重量單位，相當於一〇〇千克）其他香料，這需要以六五〇〇〇千克白銀換取。長期的貿易逆差，迫使歐洲人將本來儲量就極其有限的金礦幾乎挖掘殆盡。此時歐洲各國之間的貿易，在重商主義的指導下紛紛選擇了貿易保護政策，一方面竭力鼓勵出口，另方面大力限制進口，因為只有貿易順差才能讓他國的黃金和白銀流入本國。整個歐洲貿易壁壘重重。有些歐洲國家有時不得不降低鑄幣成色，這樣做無疑只是雪上加霜：良幣不足，劣幣不堪信任，物價飛速上漲，經濟危機嚴重。為了追求更多的黃金和白銀，開闢新市場已經成為唯一的選擇，為此，歐洲人不惜冒險。

這時，一本一百多年前的遊記成了歐洲新的商業指南。《馬可．波羅遊記》出版於十四世紀，作者為義大利人馬可．波羅，書中記錄了他在中國、印度所看到的無窮無盡的黃金、白銀和香料，還有繁榮的商業城市、華麗的宮殿建築。這本遊記在出版之初，曾被歐洲人當成是一個精神病患的臆想，但在一百年後，它卻激發了狂熱追求香料和黃金、白銀的歐洲商人強烈的冒險衝動。

遼闊的大海和神秘的異域，向歐洲毫無保留地敞開，原本平靜的舊秩序被徹底打破。

1 世界因貿易而連結

「地理大發現」導致世界貿易中心從地中海轉移到了大西洋，促進了世界市場的形成。歐洲面臨更為廣闊、全新的市場，發展跨洋貿易的同時，也加速財富的積累。歷史猶如安裝了一個加速器，在此後幾百年間的發展速度令人咋舌。儘管大海在當時的人們眼中猶如地獄，但這並沒有阻止他們征服大海的欲望。在眾多歐洲豪強中，邁出海上冒險第一步的是葡萄牙和西班牙。

葡萄牙「將世界踩在腳下」

為獲取香料和真金白銀，歐洲人克服了對大海的恐懼。而伊比利亞半島上的葡萄牙卻走在歐洲各國的最前端。

癡迷地理學和航海策略的葡萄牙王子——恩里克・克羅狄斯，在十二歲那年看到了一本塵封一千二百多年的古書——古希臘天文學家托勒密[5]撰寫的《地理學指南》。書中所描繪的世界，除了歐洲、亞洲、非洲外，都是漫無邊際的海洋。恩里克對此充滿好奇，夢想著自己有一天能夠去探尋海洋的秘密。

一四一五年，恩里克王子親任統帥，出征摩洛哥的休達，當地的摩爾人事先對此毫不知情，結果僅一天時間，休達就被攻陷，而葡萄牙僅陣亡了八個人。這場戰爭使葡萄牙控制了地中海與大西洋的交通要道，後人把這看作是葡萄牙人、也是歐洲人向外擴張的開端。

一四一七年，摩爾人的軍隊又包圍了休達，企圖奪回自己的領土。恩里克率領援兵再次來到休達，並在那裡度過了三個月，這是改變整個世界歷史的三個月。在這三個月裡，恩里克從戰俘和商人的口中瞭解到，有一條古老而繁忙的商路可以穿過撒哈拉大沙漠，經過二十天就能到達樹林繁茂、土地肥沃的「綠色國家」，也就是今天的幾內亞、岡比亞、塞內加爾、馬里南部和尼日爾南部，從那裡可以獲得非洲胡椒、黃金和象牙。葡萄牙人對從陸路穿越沙漠是沒有經驗的，恩里克此時有個大膽的想法——通過海路到達「綠色國家」。這一主張得到國王若奧一世的贊同。

從此，恩里克一心一意投身航海事業，甚至為此終生未娶。並在薩格里什小漁村，建立人類歷史上第一所國立航海學校，以培養水手，提高他們的航海技能。他的麾下聚集了來自不同國家、不同民族的專家和學者，其中有地理學家、地圖繪製家、數學家和天文學家，有義大利人、阿拉伯人、猶太人和摩爾人。也設立了觀象臺和圖書館，讓專家和學者們廣泛收集地理、氣象、信風、海流、造船、航海等各種文獻資料，再加以分析和整理，經過共同研究，最終制訂計畫、方案，為己所用。恩里克還資助數學家和手工藝人改進和製作新的航海儀器，例如改進從中國傳入的指南針、象限儀（一種測量高度，尤其是海拔高度的儀器）和橫標儀（一種簡易星盤，用來測量緯度）等。

當然，在航海中，船隻是最為重要的。由於地中海和大西洋的航行條件不同，只配備一幅四角風帆的傳統歐洲海船不適合在大西洋中航行。因此，恩里克專注在造船上，他採取許多措施鼓勵造船，如建造一百噸以上船隻都可以從皇家森林免費得到木材，任何其他必要的材料都可免稅進口。在當時貨幣不足的情況下，免稅進口要付出相當大的代價。經過努力，到了一四四〇年，恩里克終於建造出適宜在大西洋上航行的船舶。這是一種配備兩幅或三幅大三角帆的多桅快速帆船，四角帆改進為三角帆的目的是使船舶在逆風的情況下也能行駛。這種船船體小、吃水淺、輕便靈活、速度快，方便在緊靠海岸的地方航行，不必為了躲避暗礁和沙洲而遠離海岸，這一特點在以探索陌生海岸為目的的航行中尤其重要。葡萄牙人就是憑藉這些二十多米長、六十至八十噸重的三角帆船，沿著非洲西海岸，一路向南。

❺【克羅狄斯．托勒密】古希臘地理學家、天文學家、數學家，長期進行天文觀測，一生著述甚多。其中，《天文學大成》（又稱《大綜合論》十三卷）主要論述他所創立的「地心說」，他認為地球是宇宙的中心，且靜止不動，日、月、行星和恒星均圍繞地球運轉。他是世界上第一位系統研究日月星辰的構成和運動方式，並做出成就的科學家。《天文學大成》被尊為天文學的標準著作，直到十六世紀哥白尼發表「日心說」，「地心說」才被推翻。他另一本重要著作《地理學指南》（八卷）主要論述地球的形狀、大小、經緯度的測定，以及地圖的投影方法，是古希臘有關數理、地理知識的總結。書中附有二十七幅世界地圖和二十六幅區域圖，後人稱之為托勒密地圖。托勒密畫每張地圖時，總是將地圖正上方定為正北，這便是我們現在的地圖方向總是上北、下南、左西、右東的由來。在這本書的末頁，托勒密列出地圖上所有的地名以及經度和緯度。他的著作為往後地圖集的製作提供了典範，並且沿用了近二千年。

一四六〇年，恩里克因病在他的航海基地薩格里什去世，享年六十六歲。四十年有組織的航海活動，使葡萄牙成為歐洲的航海中心，他們建立起世界一流的船隊，擁有一流的造船技術，培養了一大批一流的探險家和航海家。

恩里克謝世後，葡萄牙人的海上探索並沒有停止，充滿冒險精神的迪亞士[6]接續了恩里克王子的夢想航程。

一四八七年，迪亞士率領兩艘快船和一艘滿載食物的貨船，沿著西非海岸向南航行，希望能找到繞過非洲南端進入印度洋的航路。

船隊沿著非洲海岸南行。一開始，航行十分順利，他們沒花多長時間就到達了西南非洲海岸中部的瓦維斯灣。但是，不久他們就發現，在繼續向南的航行中，海岸線變得越來越模糊。

這時，充滿著探險熱忱的迪亞士一心想加快速度前進，於是下令把貨船上的食物全部轉運到兩艘快船上，讓貨船獨自返航。果然，船隊速度因此大大加快，兩艘快船在蔚藍的大海上破浪疾行。

正當他們為航行順利而慶幸時，卻遇上了一場罕見的大風暴，咆哮的海浪鋪天蓋地地撲向船隊。在風暴的肆虐和襲擊中，兩艘快船猶如浮萍一般左搖右晃地行駛，可怕的風暴最終把收了帆的船推向東南方。歷經十三天，風暴終於平息下來，猙獰的大海又恢復了往日的溫柔與平靜。

根據以往的航海經驗，迪亞士知道，沿非洲大陸西海岸南行時，只要向東航行就必然會停靠在海岸邊。於是他下令：調轉方向，向東航行！

1415年，葡萄牙的恩里克王子親任統帥出征摩洛哥的休達。後人把這看作是葡萄牙人，也是歐洲人向外擴張的開端。

船隊向東航行了好幾天。可是，預料中會出現的非洲海岸線非但沒有出現，反而讓人覺得更為渺茫。就在大家茫然不知所措的時候，迪亞士興奮地大叫：「我們很可能已經繞過非洲的最南端了，所以越向東航行反而離大陸越遠。快，調轉船頭，向北前進！」

幾天後，他們果然遠遠地看見了陸地。這時，迪亞士發現，海岸線緩緩地轉向東北方向延伸。至此，迪亞士確信：船隊已經繞過非洲最南端，來到了印度洋。只要再繼續向東航行，就一定可以到達神秘的東方。

迪亞士興奮不已，想再繼續前進，但船員們已經筋疲力竭，強烈要求返航，而且糧食和日用品也所剩無幾了。他只好下令掉轉船頭，返回葡萄牙。

返航途中，迪亞士發現了非洲大陸最南端的海角，也正是他們經歷過風暴的地方，因此將它命名為「風暴角」。

一四八八年十二月，迪亞士回到里斯本，向葡萄牙國王報

❻【巴爾托洛梅烏．迪亞士】約一四五〇至一五〇〇年，葡萄牙著名的航海家。迪亞士出生葡萄牙的王族世家，青年時代就喜歡海上探險活動，曾隨船到過西非一些國家，有豐富的航海經驗。

告了航海過程。國王鄭重地將非洲大陸最南端的海角命名為「**好望角**」。這意味著連接東西方的海上商路即將被打開，象徵著財富的香料貿易就要被葡萄牙人控制在手裡了。

之後，瓦斯科．達．伽馬繼承了葡萄牙的海上征服事業。一四九七年七月八日，達．伽馬奉葡萄牙國王之命，率領四艘船和一百四十多名水手，由里斯本啟航，開始探索通往印度的航程。起初，他循著十年前迪亞士發現「好望角」的航路，迂迴曲折地駛向東方。水手們歷盡千辛萬苦，在航行了將近四個月的時間和四千五百多海哩之後，來到「好望角」毗鄰的聖赫勒章灣，看到了一片陸地。此時，擔心繼續向前可能會遇到可怕的風暴襲擊，水手們無意繼續航行，紛紛要求回程，達．伽馬則執意向前，宣稱不找到印度他決不甘休。這一年耶誕節前夕，達．伽馬率領的船隊終於闖出驚濤駭浪的海域，通過了「好望角」，駛近西印度洋的非洲海岸。

一四九八年四月，船隊抵達馬林迪❼港口，找到了一名理想的導航者——著名的阿拉伯航海家艾哈邁．伊本．馬吉德。一四九八年四月二十四日，船隊從馬林迪啟航，乘著印度洋的季風，沿著嚮導所熟知的航線，一帆風順地橫渡了浩瀚的印度洋，於五月二十日到達印度南部大商港**卡利卡特**（今科澤科德）——**半個多世紀前，鄭和經過和停泊的港口**。

一四九九年，達．伽馬帶著滿船香料、五六個印度人以及一半的船員凱旋回到了里斯本。**達．伽馬的航行是人類歷史上第一次完成從歐洲繞道非洲到達東方的創舉，開闢了東西方之間最短的海上航路，也開創了葡萄牙海外商業貿易的新局面**。他從印度帶回來的香料以及其他印度貨物樣品的價值，相當於遠航總花費的六十倍，成為後來葡萄牙大規模擴張的動力，預告著後來經常性貿易活動的展開。

當然，葡萄牙人的貿易絕非在完全平等的條件下展開的。當時絕大多數國家還沒有將海洋納入戰略目標中，因此對海洋的爭奪並沒有充分顯現，而且國際上也沒有共同遵守的海洋法。長期從事海上活動的葡萄牙人深知海上競爭是你死我活的，任何出海的船隻隨時都可能遇到他人的襲擊，要生存，就必須擁有強大的武器裝備，因此，葡萄牙也成了世界上最早使用火藥武器的國家之一。此外，葡萄牙只是一個小國，不可能依靠佔領大片土地來建立殖民體系，只能靠在海洋貿易的主要關口設置商站、控制水路、壟斷土特產品的收購與運輸，來維持一個商業帝國的地位。這種強迫性貿易據點只能靠軍事力量來建立和維持。於是，每個商站都成為一個軍事堡壘，每個「貨棧」（囤積貨物的倉庫）都有炮臺的掩護。一五〇九年，在一次畫時代的海戰中，葡萄牙人將阿拉伯艦隊打得落花流水，正式終結阿拉伯商人在印度洋的統治時代，葡萄牙人取而代之成為印度洋的霸主。

儘管葡萄牙國王口口聲聲宣稱葡萄牙人追求的是和平貿易，但海外的葡萄牙貴族各個窮兵黷武，他們認為，解決商業爭端的最佳方式是武力，而不是談判。正如一位葡萄牙貴族在寫給國王的信中炫耀：「我們到來的消息一傳開，本地的商船就消失得無影無蹤，甚至連鳥都不敢

---

❼【馬林迪】肯亞印度洋岸港口。曾為古代馬林迪王國都城，歷史上是東非著名港口，有達．伽馬在一四九八年修建的城堡遺址。如今，在馬林迪境內考古工作者發現許多十三、十四世紀的絲綢、陶瓷等，據研究顯示，這些古董其實是更晚些時候即十五世紀鄭和下西洋時所留下的物品。

飛過水面。」

正是利用從大西洋到印度洋的五十多個據點，葡萄牙壟斷了半個地球的商船航線。在十六世紀的前五年中，葡萄牙人的香料貿易價值量迅速增長，從一五〇一年的二二．四萬英鎊上升到一五〇三至一五〇六年間的年均二三〇萬英鎊，成為當時的海上貿易第一強國。同時，里斯本也相應地成為世界貿易中心，成為歐洲、印度間貿易的仲介。葡萄牙人成了全世界最重要的商人，葡萄牙語作為亞洲海上貿易通用語言長達二百多年。

當時的葡萄牙國王成為歐洲最窮奢極欲的君主，葡萄牙詩人更是驕傲地宣稱：

我是最偉大的人，
把世界踩在腳下！
我就是葡萄牙，
我比整個世界都大！

誰控制海洋，誰就控制世界

葡萄牙依靠海權取得暴富，讓整個歐洲嫉妒得紅了眼。然而，從歐洲途經非洲再到亞洲的航線已被葡萄牙壟斷，到東方去，必須另找新的路徑。當時的**西班牙女王伊莎貝爾**不甘落後。這時，一位接受「**地圓學說**」[8]名叫克里斯托夫．**哥倫布**的人，面見了這位雄心勃勃的女王，告訴她：向西走也能到達東方。經過長達三個月的談判之後，女王與哥倫布最終簽署協定。根據協定，哥倫布可以獲得其發現地所得一切財富的十分之一，並一概免稅；今後駛往這些屬地的船隻，所收取利潤的八分之一歸哥倫布所有。

就這樣，在向哥倫布資助了三艘帆船和一百二十名船員之後，伊莎貝爾女王成了他遠洋探險的總贊助人。其實，女王這次的資助並不容易，哥倫布第一次遠征共耗資二百萬馬拉維迪，這在當時的西班牙是一筆巨額投資，為籌措資金，女王甚至變賣了自己的首飾。

一四九二年八月三日，哥倫布率領女王資助的三艘帆船出發了。巨額的利潤回報大大刺激哥倫布冒險的勇氣，為了減少船員們因離開陸地太遠而產生的恐懼感，哥倫布偷偷調整了計程工具，每天都少報一些航行哩數。即便如此，兩個月後，一無所獲的船隊依然到了崩潰的邊緣，不安和憤怒的船員們聲稱繼續西行就將叛亂。經過激烈爭論之後，哥倫布提議：再走三

❽【地圓學說】西元前六世紀，古希臘數學家畢達哥拉斯第一次提出這概念。西元前三世紀，亞歷山大的科學家艾拉托色尼，用幾何學方法確立了地球的概念。西元前二世紀，希臘地理學家托勒密，在他的《天文學大成》中也論證了地球是一個球形。這些都是認識地球的重要成果，但只是一些數學推論和理論論證。十二世紀西方文藝復興時期，人文主義者發現古希臘的這些學說，當時也有許多人相信地球是圓的，探險家哥倫布就懷著這樣的信念開闢了新航道。一五一九至一五二二年，葡萄牙探險家麥哲倫，率領船隊完成人類歷史上第一次環球航行，以無可辯駁的事實向世界證明地球是圓的。「地圓說」具有重大的意義，促進了新宇宙觀的形成，推動人們直接觀察和研究大自然的進程。同時，十五世紀的人文主義者對天主教會和神學進行猛烈地批判，提倡理性和科學，衝破了神學的長期禁錮，為自然科學的發展開闢了道路。

西班牙格拉納達廣場上矗立著伊莎貝爾會見哥倫布的雕像。

天，三天後如果還看不見陸地，船隊就返航。

哥倫布這麼做無疑是十分明智的，因為在這次騷亂發生三天之後，曾經反對他的水手就在桅杆上高喊：「陸地！」

哥倫布誤以為船隊到達了印度，甚至將當地的土著人命名為「印第安人」。其實，他們看到的陸地，就是今天位於北美洲的巴哈馬群島。就這樣，「新大陸」被發現了。從那一天起，全球貿易的版圖開始清晰起來。

一四九三年，哥倫布首航美洲歸來後，西班牙王室給予極尊貴的接待，把他迎進王宮，授予貴族稱號，女王還親自把X形紋章掛佩在他的脖子上，並且兌現出發前與他所簽協議中的所有承諾。隨後，哥倫布又於一四九三至一四九六年、一四九八至一五〇〇年、一五〇二至一五〇四年分別進行了三次向西航行，不斷發現並「完善」新大陸。新的時代也從此到來。

儘管哥倫布的發現改變了世界和歷史，但在當時的西班牙人看來，結果不免有些令人失望，因為他並沒有像葡萄牙人一樣帶回大量的香料，而他所發現的美洲幾乎是荒涼一片。但是後來，西班牙人改變了最初的想法，因為**哥倫布在美洲發現了比香料更有價值的東西，那就是大量的黃金和白銀**。

與葡萄牙在東方的貿易壟斷相比，西班牙在美洲大陸上的貿易掠奪更直接。哥倫布剛到海地時，就命令當地十四歲以上的成年男女每人每月繳納數量極多的金砂，酋長也必須每兩個月上繳一葫蘆的金砂。在征服印加帝國的過程中，印第安人為贖回被囚禁的國王，按西班牙人的要求用黃金和白銀將關押國王的牢房填滿，其價值折合起來，可以達數十億美元！

在掠奪黃金方面，西班牙人甚至對本國人也不例外。一四九五年，西班牙國王首次批准西班牙人可以移居「新大陸」，但前提是必須將所得黃金的三分之二上繳國庫。早期西班牙殖民者主要是掠奪印第安人的金銀飾品和寺廟中的金銀飾物，在大批西班牙移民到來之後，他們又以開發礦藏的形式掠奪貴金屬[9]。西班牙每年有兩支專門運載金銀的船隊往來於美洲和本土之間，據統計，從一五〇二年到一六六〇年，西班牙從美洲獲得一．八六萬噸白銀和二百噸黃金。至十六世紀末，世界貴金屬開採量中的八五％都為西班牙所有。在佔領拉丁美洲的三百年間，西班牙從那裡掠奪的黃金累計數百萬千克，白銀上億千克，難怪有人說，美洲讓西班牙的財富多得快要「溢出來」了。

此外，廉價的印第安勞動力和發達的種植園經濟，更為西班牙帶來數不盡的財富。而且，控制海上貿易，使西班牙透過壟斷性商業貿易獲得巨額利潤，有些商人僅一次單程航行所獲得的利潤率就高達三〇〇％。

---

[9]【貴金屬】主要指金、銀和鉑族金屬（釕、銠、鈀、鋨、銥、鉑）等八種金屬元素。這些金屬大多數擁有美麗的色澤，對化學藥品的抵抗力相當大，在一般條件下不易引起化學反應。

1492年，哥倫布登上了巴哈馬群島。

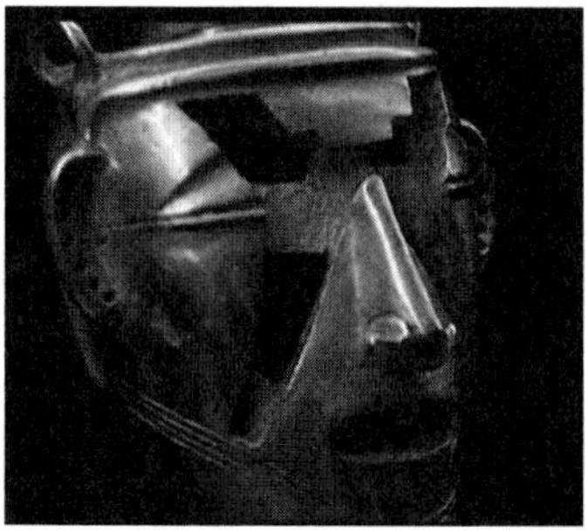

據統計，從1502年到1660年，西班牙從美洲得到1.86萬噸白銀和200噸黃金。至16世紀末，世界貴金屬開採量中的85% 為西班牙所擁有。

十六世紀初，西班牙約有經營國際貿易的商船一千多艘，它們在大西洋兩岸間穿梭往返，在歐洲和美洲之間互通有無，向世人炫耀西班牙帝國的繁榮與昌盛。

正如中國社科院世界歷史研究所副研究員秦海波所說：「**誰控制了世界的海洋，誰就控制了世界的貿易；誰控制了世界的貿易，誰就控制了世界的財富；誰控制了世界的財富，誰就控制了世界。所以，誰控制海洋，誰就控制世界。**」

不改變則意味著衰落及死亡

葡萄牙和西班牙靠冒險精神征服了海洋、控制了世界，但單靠冒險並不能讓貿易持久順暢地運轉下去。

雖然財富像潮水一般湧入了伊比利亞半島[10]，但這些真金白銀並沒有轉化為產業，王公貴族甚至將數以萬計從事工商業的外國人從自己的國土上趕走。西班牙商人把在殖民地收購的棉花運回本國，然後賣給其他國家的紡織業主，織成布匹之後運回本國，然後再運到殖民地，賣給殖民地的商人。因此，殖民地進口商品中的九〇%來自西班牙以外的國家。葡萄牙面臨著相同的狀況，經里斯本運抵巴西的物品大部分都不是葡萄牙貨。葡萄牙、西班牙國內工業極度萎縮，衰敗成為他們無法改變的命運。

原葡萄牙航海紀念委員會主席若爾金・麥哲倫，對兩國的衰敗冷靜地分析說：「**一個機構極有可能因為沒有能力改變而『死亡』**。葡萄牙和西班牙在殖民擴張時期就出現了這種情況，他們就是因為無法改變而衰落。」

---

❿【伊比利亞半島】位於歐洲西南角，東臨地中海，西邊是大西洋，北臨比斯開灣。比利牛斯山脈在半島東北部，是法國與西班牙的天然界線，與歐洲大陸連接，又稱比利牛斯半島。與義大利等國所在的亞平寧半島、希臘等國所在的巴爾幹半島並稱為南歐三大半島，面積約五八・四萬平方公里。半島大部分為西班牙領土，西南角一小部分為葡萄牙領土。

2 荷蘭創新商業模式

當葡萄牙、西班牙即將被歷史淘汰的時候，荷蘭人憑藉其不斷創新的商業頭腦，迅速佔據海上霸主的地位。這一時期的荷蘭，創造許多人類歷史上經濟、金融領域的第一，包括：成立第一家聯合股份公司、第一支股票、第一個股票交易所、第一家現代意義的銀行……與荷蘭在全球貿易壟斷地位相對應的，是它的財富爆炸似地增長。

讓世人信賴的「海上馬車夫」

就在葡萄牙、西班牙顯現出衰敗跡象時，重視發展世界貿易的荷蘭崛起了。提倡「商業是政府的政治」的荷蘭，最初發跡居然是靠出口鯡魚（又稱青魚），換句話說，荷蘭在貿易競爭領域能夠佔據優勢，憑藉的居然是一把小刀。當時，魚類的儲存困難大大限制了它運送的距離。但荷蘭人掌握了一門技術，他們用一把小刀剖開鯡魚的肚子，取出內臟，去掉頭尾，然後用鹽醃製，這樣的魚製品可以保存較長時間。於是，荷蘭人獲得了出口鯡魚的優勢。

之後，荷蘭人又改進了造船技術，改良船體設計，率先大膽地去除貨船上的武器裝備，使造船成本降低到只有歐洲其他國家的一半，同時大大增加了船的載貨量。那時候，貨船的稅賦

荷蘭人建立了良好的商業信用，而這些也為荷蘭贏得了海運貿易的世界市場，使之成為世界公認的「海上馬車夫」。

取決於甲板的寬度，荷蘭人特製的大肚船甲板窄，因此節省了很多稅費。憑藉這些發明，荷蘭大大提升貿易競爭力。

與此同時，荷蘭人也建立了良好的商業信用。曾經有一位荷蘭船長，試圖找到從歐洲北部到達亞洲的路線。他帶領船隊經過俄國的一個島嶼，卻被冰封的海面困住了。在這個北極圈區域，船長和十七名水手度過了八個月的漫長冬季。他們拆掉船上的甲板當燃料，以便在攝氏零下四十度的嚴寒中保持體溫；他們靠打獵來獲取勉強維持生存的衣服和食物。在這樣惡劣的險境中，先後有八名船員去世。但**他們絲毫沒有動用別人委託的貨物，這些貨物恰恰就是可以挽救他們生命的衣物和藥品**。冬去春來，倖存的荷蘭人將貨物完好如初地帶回荷蘭，送到委託人手中。**他們用生命作為代價，守望信念，創造了流傳後世的經商法則**。

因此，**荷蘭商人樹立了良好商譽，也贏得了海運貿易的世界市場**，成為世界公認的「**海上馬車夫**」。有人評論：「荷蘭人向各國採蜜……挪威是他們的森林，萊茵河兩岸是他們的葡萄園，愛爾蘭是他們的牧場，普魯士、波蘭是他們的穀倉，印度和阿拉伯是他們的果園。」

改變世界的商業創新

當全球貿易走過靠冒險精神領航的最初階段，需要一種更先進的商業模式，來滿足資本對於超額利潤的追逐。此時，荷蘭——這個葡萄牙和西班牙的挑戰者出現了。荷蘭商人為了開闢前往東方和美洲的航線，決定自己籌集遠洋航行所需的大量資金。一六〇二年，成立一個前所未有的經濟組織——**荷蘭聯合東印度公司**。

這是世界上第一家聯合股份公司[11]。**為了融資，公司發行股票，聚集了六百五十萬荷蘭盾資金**。據荷蘭阿姆斯特丹歷史博物館館長洛德韋克・瓦赫納爾在介紹東印度公司時說：「這筆錢差不多相當於現在的三百萬歐元，而那時候，這些錢值幾十億。」但當時他們發行的股票，不同於現代意義的股票。投資人來到公司的辦公室，在本子上記下自己借出的金額，公司承諾給這些股票分紅，這就是荷蘭東印度公司籌集資金的方法。

通過向全社會融資的方式，東印度公司成功地將分散的社會財富，變成了自己對外擴張的資本。就連當時阿姆斯特丹市市長的女僕也成了東印度公司的股東之一。荷蘭政府甚至將一些只有國家才能擁有的權利，如協商簽訂條約、發動戰爭的特權，折合為二・五萬荷蘭盾，入股東印度公司，大大提升了東印度公司的許可權和信譽。

在一切準備妥當之後，東印度公司的船隊出航了。西班牙國王幾乎是用鄙夷的態度，對待這個不自量力的挑戰者。但是，在東印度公司成立之後的短短五年內，每年都向海外派遣五十支商船隊，這個數量超過了葡萄牙與西班牙船隊數量的總和。

阿姆斯特丹歷史博物館館長瓦赫納爾，又說了一件很有意思的事：「前十年東印度公司沒有付給股東任何利息，因為投資者喜歡把錢用來造船、造房子，以及在亞洲建造一個貿易王國。完成這些，十年後，公司才第一次發給股東紅利。」

連續十年不給股東們紅利。這樣的經營方式為什麼能夠得到投資者的認可？因為荷蘭人同時還創造了一種新的資本流轉體制。**一六〇九年，世界歷史上第一個股票交易所在阿姆斯特丹誕生**。只要願意，東印度公司的股東們可以隨時通過股票交易所，將自己手中的股票變成現金。四百多年前，在阿姆斯特丹的股票交易所中，就已經活躍著超過一千名的股票經紀人。他們雖然還沒有穿上紅馬甲，但是固定的交易席位已經出現了。

東印度公司的利潤主要來自香料，利潤最高時，在印度以每磅三十分收購的香料，在荷蘭市場上可以以每磅四盾（四百分，一荷蘭盾等於一百分）的價格出售，利潤率約一二〇〇%。公司從香料貿易中所獲取的利潤是何等的豐厚！因此，東印度公司的股票一直看漲。公司成立五十年之後，股票指數從一〇〇升到三八〇，到十八世紀股指升到五七〇甚至六〇〇。在該公司存在的一百八十年中，平均每年股息為二一%。

荷蘭股票交易所成為當時整個歐洲最活躍的資本市場，前來從事股票交易的不只荷蘭人，還有許多包括葡萄牙人和西班牙人在內的外國人。大量的股息收入從這個面積不超過一千平方

⓫【股份公司】通過發行股票及其他證券，把分散的資本集中起來經營的一種企業組織形式，十九世紀後半期廣泛流行於資本主義各國。到目前為止，股份公司在資本主義國家的經濟中仍佔據統治地位。

公尺的院子，流入荷蘭國庫和荷蘭人民的腰包。僅英國國債一項，荷蘭每年就可以獲得超過二千五百萬荷蘭盾的收入，價值相當於二百噸白銀。當大量的金銀貨幣以空前的速度迴圈流通時，荷蘭的經濟血脈開始變得擁塞起來。這一次，荷蘭人關於解決問題的探索，直接進入了現代經濟的核心領域——建立銀行。

阿姆斯特丹銀行成立於一六〇九年，大約比英國銀行早一百年，是一座城市銀行、財政銀行和兌換銀行，主要業務是吸收存款、發放貸款。並且，所有一定數量的支付款都要經過銀行，因此，阿姆斯特丹銀行對於荷蘭的經濟穩定起了重要作用。更重要的是，它發明了我們現在所說的信用卡，那時叫作「想像中的貨幣」。

隨著人們對荷蘭貨幣的信心日益增加，和阿姆斯特丹在世界貿易上的驚人擴張，阿姆斯特丹銀行開始具有國際性質。通過國際支付的集中，阿姆斯特丹銀行在十七世紀期間發展成為世界性的重要票據交換中心。到了一六六〇年，阿姆斯特丹已經無可爭辯地成為多邊支付體系的核心，一直保持這種地位到一七一〇年。

荷蘭人說「世界是我們的」

一六五六年，荷蘭大使團到達北京。那個時候，荷蘭人遇到了所有到中國的外交大使團都會遇到的一個麻煩，那就是在覲見皇帝時必須行「三拜九叩」的大禮。事實上，一直到十八世紀末，幾乎沒有一位歐洲國家的外交官願意接受這種苛刻的天朝規矩。但是，荷蘭人毫不猶豫地答應了。一名叫霍夫的大使團成員寫下了他們答應跪拜條件的原因，「我們只是不想為了所謂的尊嚴，而喪失重大的利益。」可見，**荷蘭人最看重的利益就是通商和賺錢。**

歷史學家們比較一致的意見是，**荷蘭人是現代商品經濟制度的創造者**，他們將銀行、證券交易所、信用以及有限責任公司，有機地統一成一個相互貫通的金融和商業體系，這種先進的運作模式，幫助荷蘭把貿易觸角伸得比葡萄牙和西班牙更長，並由此帶來了快速的財富增長。到十七世紀中葉，荷蘭已經牢固地建立起全球商業霸權。而此時，荷蘭東印度公司已經擁有一萬五千個分支機構，貿易額佔全世界總貿易額的一半。

我們從荷蘭擁有的商船數量上，就可以想像當時荷蘭貿易的規模。據北京大學歷史系教授錢乘旦表示：「當時荷蘭有一支非常強大、龐大的商船隊，十七世紀荷蘭的人口約一百多萬不到二百萬，但當時的商船隊有一萬六千艘船，這樣龐大的數目，即便在今天，也是一支很大的船隊。」

十七世紀中期，懸掛著荷蘭三色旗的一萬六千艘商船，游弋在世界的五大洋之上，大量的財富使得國家武裝力量大為增強，荷蘭已經成為一個讓葡萄牙和西班牙都畏懼的海上強國。在東亞，他們佔據了臺灣，壟斷日本的對外貿易；在東南亞，他們把印尼變成自己的殖民地，建立第一個殖民據點——巴達維亞城，構成了今天雅加達的雛形；在非洲，他們從葡萄牙手中奪取了新航線的要塞「好望角」；在大洋洲，他們用荷蘭一個省的名稱為一個國家命名——紐西蘭；在南美洲，他們佔領了巴西；在北美大陸的哈德遜河河口，荷蘭東印度公司建造了新阿姆斯特丹城，現今，這座城市的名稱叫紐約。

阿姆斯特丹歷史博物館館長瓦赫納爾也承認，那段歲月稱得上是荷蘭的黃金歲月。當時的阿姆斯特丹人是怎麼看待這個問題，瓦赫納爾給出的答案，和葡萄牙人的詩句是如此驚人的相似，「請注意一幅名為『阿姆斯特丹女神』的畫作。十七世紀阿姆斯特丹是世界的中心，這就是為什麼阿姆斯特丹女神的手放在地球上面。我們的世界，我們的地球，這個世界是我們的。」

3 創新制度，打造「日不落帝國」

自從英國加入世界貿易的戰局，火藥味就越來越濃重，戰爭的規模也逐步升級。就在英國陸續戰勝競爭對手，開始稱霸海洋的時候，它也面臨著和葡萄牙、西班牙、荷蘭一樣會走向衰微的問題，而頗受幸運女神眷顧的英國，通過制度創新完成自我救贖，打造一個「日不落帝國」的傳奇神話。

從海盜開始的海外貿易

歐洲大陸上的葡萄牙、西班牙和荷蘭靠著海外貿易暴富的故事，一次又一次地刺激著大西洋上的一個島國——英國。十六世紀中期，英國的統治者——伊莉莎白一世[12]，是一位足智多謀同時又對黃金、白銀有著濃厚興趣的女王。伊莉莎白一世發現，英格蘭的任何一個地方距離海洋都不超過一百二十公里，英國為什麼不能利用這個天然的優勢，也發展海洋貿易呢？

英國當時是一個弱國，而葡萄牙、西班牙則是當時的世界強國。儘管如此，伊莉莎白一世仍然向葡萄牙和西班牙兩國的海上控制權，發起了強烈地挑戰。女王聲稱：「海洋和空氣是世人所共同享有，海洋不歸屬任何民族或任何個人。」儘管伊莉莎白一世充滿雄心壯志，但早期的英國確實不敢和葡萄牙、西班牙進行直接的、正面的對抗，所以採取了一種很不光彩的做法——**搶劫式的海盜行為**。

英國人依靠海盜大肆攔截葡萄牙和西班牙的商船，掠奪財物。兩位最著名的海盜商人分別是普利茅斯的約翰·霍金斯和他的表弟法蘭西斯·德雷克。一五六二年，霍金斯從非洲幾內亞購買了四百個奴隸，連同一些英國製造品運往中美洲的海地出售，返程時又運回海地出產的金銀、食糖等。由於利潤極高，這項活動很快就發展起來。一五六四年，霍金斯和德雷克在女王也入股的情況下，進行了第二次遠征。一五六八年，兩人又租借女王的戰艦再次遠航，這次，他們停靠在海港時遭遇西班牙軍隊襲擊，不得不放棄大量財寶逃回英國。女王知道後勃然大怒，沒收了停靠在英國港內的西班牙運銀船作為報復，致使英國和西班牙兩國關係緊張。一五七二年，德雷克率三艘小船橫渡大西洋，在西班牙白銀運輸隊必經的巴拿馬海峽搶劫了西班牙的白銀三十噸，還因此受到女王的褒獎。

英國皇家歷史學會副主席哈里·狄更斯說：「女王鼓勵私掠船、海盜，鼓勵像霍金斯和德雷克這樣的人（海盜），以及其他的人去擴大英國貿易、開拓殖民地，如維吉尼亞，甚至襲擊西班牙的貿易。他們差不多就是海盜了，因此，如果他們和西班牙發生衝突，女王可以否認和他們有關係，並且說他們是違反政府的官方政策。這樣一來，女王可以不牽扯進一些海軍的行動，但是她把海盜掠奪行為，看作是發展國家海洋勢力的一種方式。」

就這樣，在女王的支持下，一五八〇年，英國海盜德雷克成為世界上第一位完成環繞地球航行的人。在這次歷時三年的航行中，德雷克的船隊不僅掠奪了南美的西班牙殖民地，還襲擊西班牙在歐洲的港口，搶走五箱金子、四十萬磅銀子，無數珍寶，女王因此親自前往普利茅斯港迎接德雷克凱旋。

北京大學歷史系教授錢乘旦對這一歷史事件評價說：「這一次搶劫在英國歷史上非常有名，因為這一次行動帶來了豐厚的收穫，實際上，伊莉莎白一世背後支持，出資投資，持有股分。」

滿載而歸的德雷克給投資者帶來了四千七百倍的利潤。作為資助者之一，伊莉莎白一世分到了一六・三萬英鎊的紅利，這個數字幾乎相當於當時政府一年的支出。高貴的女王親自來到德雷克的坐艦上，隆重地授予這位海盜「騎士」的稱號。女王的這一舉動正表示，英國政府在反對西班牙大西洋貿易獨佔權的鬥爭中支持國民。之後，越來越多的英國人前赴後繼地加入到海外掠奪的行列。

這就是德雷克的坐艦：金鹿號。伊莉莎白女王親自來到德雷克的坐艦，隆重地授予這位海盜「騎士」的稱號。

⓬【伊莉莎白一世】從一五五八年十一月十七日至一六〇三年三月二十四日，擔任英格蘭王國和愛爾蘭女王，是都鐸王朝第五位也是最後一位君主。終身未嫁。在位時不但成功地維持英格蘭的統一，而且經過近半個世紀的治理，使英格蘭成為歐洲最強大的國家之一。英格蘭文化也在這個階段達到了巔峰，出現了諸如莎士比亞、法蘭西斯・培根這樣的著名人物。英國在北美的殖民地也在這段期間開始確立。伊莉莎白一世在位期間被稱為「伊莉莎白時期」，也稱為「黃金時代」。

在當時的英國，德雷克被當成民族英雄，可是西班牙對這種搶劫行為卻非常惱火。

因貿易引發的「英西大海戰」

在一次次的爭奪和衝突之後，西班牙國王菲力浦二世被徹底激怒了。一五八八年夏天，他派出所向披靡的「**無敵艦隊**[13]」。這個擁有一百三十艘戰船、八千名水手和二萬名士兵的艦隊在大西洋上劈波斬浪，他們在海洋上已經稱霸了半個多世紀。「無敵艦隊」這次出征的目的就是要教訓英國，當時全歐洲都認為西班牙可以不費吹灰之力踏平英國。

「無敵艦隊」從里斯本港啟程，經過兩個多月的航行，在一五八八年七月二十一日逼近英國西南海岸，在普利茅斯港外拋錨，並擺開了戰鬥隊形。英國艦隊總司令立即命令：艦隊出港，搶佔敵方艦隊上風方位！

英國艦隊漸漸駛近了西班牙艦隊。可是遲鈍的西班牙艦隊總司令居然沒有先發制人地展開攻擊。英國艦隊一進入射程，大炮就轟鳴起來，主動向西班牙艦隊猛烈射擊。

「無敵艦隊」排成幾路縱隊，不惜一切代價全速向英國戰艦緊逼。可是，英國軍艦總是能靈活地拐彎掉頭，避開西班牙軍艦，然後以密集的舷炮火力殺傷對手。經過幾個小時的混戰，不僅沒有西班牙士兵能登上英國的船艦，「無敵艦隊」還有好多艦隻中炮起火，許多戰艦上的官兵傷亡過半。看到自己的艦隊損失慘重，「無敵艦隊」決定暫時擺脫戰鬥，但英軍咬住不放，繼續窮追猛打。激烈的炮戰持續了一整天，直到黃昏，第一天的戰鬥才結束。

此後一週內，英國艦隊頻頻發動小規模出擊，「無敵艦隊」則處處挨打，狼狽不堪。

此時，幸運女神站在英國這邊。第八天深夜，海面上颳起了強勁的西風，「無敵艦隊」的士兵經過幾天的苦戰，早已進入夢鄉。突然有人搖醒正在酣睡的總司令，慌張地報告：「海面上出現了八條火龍，正向我艦隊迎面衝來！」「無敵艦隊」總司令來不及穿上衣服，就奔到甲板上。只見那八條火龍乘著西風，箭一般地直衝進艦隊，撞到船艦後，火蛇飛舞，濃煙滾滾，頃刻之間，很多船艦起火燃燒。

原來，這是英國海軍將領們經過商討研究出的作戰策略——用火船襲擊西班牙艦隊。他們挑出八艘小船，將船身塗上瀝青，船內裝滿油脂和柴草，點火後乘風駛進西班牙艦隊中。「無敵艦隊」一片混亂，各艦爭相逃命，艦隊失去了統一指揮，致使許多船隻在自相碰撞中沉沒。沒能衝出港的船隻，大都被火焰吞噬。

英國艦隊借勢全速前進，展開更加猛烈的攻勢。在「隆隆」的炮聲中，「無敵艦隊」的五艘大型戰艦被炸得失去了作戰能力，四千名官兵被打死或淹死，而英國軍艦卻毫無損傷。至此，歷時近十天的「英西大海戰」方告結束。「無敵艦隊」總司令見大勢已去，登陸無望，只得命令艦隊返航。為了躲開英國艦隊的追擊，艦隊向北行駛，繞過英國西北部海岸返回西班牙。途中，艦隊又遭到風暴襲擊，損失了一些船艦，數千官兵因疾病、飢渴而喪命。一五八八

⓭【無敵艦隊】為了保障海上交通線和在海外的利益，西班牙建立了一支擁有一百多艘戰艦、三千餘門大炮、數以萬計士兵的強大海上艦隊，最盛時艦隊有千餘艘船艦。這支艦隊橫行於地中海和大西洋，驕傲地自稱為「無敵艦隊」。

年十月，當艦隊返回西班牙時，僅剩五十三艘殘破船艦。

這場「**英西大海戰**」是人類歷史上很重要的海戰之一，決定了近代早期歐洲的歷史演進，並且在一定程度上對近代早期的世界產生影響。

英國皇家歷史學會教授克波琳．羅夫特對這次海戰的評價是：「這次勝利大大振奮了英國人的士氣。回顧歷史，它確實代表十七世紀英國海上勢力的崛起，自此，海上霸權開始向英國轉移。『無敵艦隊』慘敗後五十年間，西班牙仍舊保持著大國地位，但它的根基顯然已經動搖。」

無論如何，英國在一五八八年英西海戰中的勝利，是一次以弱擊強、以小擊大的勝利。長期處在歐洲主流文明之外的島國，第一次以強國的姿態向歐洲大陸發聲，並迅速進入世界海洋霸權和商業霸權爭奪的中心。

西班牙慢慢退出了歷史的主要舞臺，一個新的海上強國初露崢嶸。

英荷戰爭締造全新貿易霸主

雖然打敗了西班牙，但當時英國的實力還不足以稱霸海洋。取代西班牙成為海上霸主的是荷蘭，英國還需要時間積蓄實力。時間又過了半個多世紀，英國終於向荷蘭的貿易霸權發出挑戰。一六五一年，英國頒布的航海條例規定：凡是從歐洲運往英國的貨物，必須由英國船隻或商品生產國的船隻運送；凡是從亞洲、非洲、美洲運往英國、愛爾蘭以及英國各殖民地的貨物，必須由英國船隻或英屬殖民地的船隻運送。

這個政策直接打擊了當時荷蘭的航海大業，激怒了荷蘭人。英國也認為荷蘭擋了它的崛起之路，英國必須利用海軍挑戰所有國家的權威和力量，與它們展開殖民地和貿易的爭奪。因此，在**一六五二年，英荷之間爆發了第一次戰爭**。

第一次英荷戰爭由一系列規模空前的海戰組成。據說有人統計，僅在一六五二年五月到一六五三年八月的十五個月之內，雙方艦隊作戰次數已經不亞於當時世界歷次海洋戰役的總和。英國方面制定的戰略主要是控制多佛爾海峽[14]和北海[15]，切斷荷蘭與外界的一切聯繫，迫使荷蘭人投降。為此，英國海軍艦隊司令採取集中強大艦隊、攔截通過海峽荷蘭船隻的戰術，以確保自己的絕對制海權。

另外，他還派艦隊到蘇格蘭北部襲擊荷蘭東印度公司的運銀船，到北海擊沉或圍捕荷蘭的捕魚船，甚至進入波羅的海，破壞荷蘭和北歐、東歐方面的海上貿易。毫無疑問，這種戰略戰

[14]【多佛爾海峽】位於英吉利海峽東部，介於英國和法國之間，是連接北海與大西洋的通道。多佛爾海峽長三十至四十公里，最窄處僅二十八．八公里，大部分水深二十四至五十公尺，最深六十四公尺，是國際航運要道，西北歐十多個國家與世界各地之間的海上航線有許多借道這裡；同時，又是歐洲大陸與英倫三島之間距離最短的路線，因此海峽的航運十分繁忙。主要港口有多佛爾（英國）、加來和敦克爾克（法國）。

[15]【北海】西以英格蘭、蘇格蘭為界，東面與挪威、丹麥、德國、荷蘭、比利時和法國相鄰，是世界四大漁場之一，鮮魚產量佔世界的一半，年平均捕獲量三百萬噸左右，約佔世界捕獲量的五％。北海是世界最繁忙的海域之一，是沿岸各國以及歐洲與其他各洲之間大宗貨運的主要航道。在歷史上，對沿岸各國之間以及與中東等地區之間的貨物交流和人民交往，有非常重要的價值，對西北歐文化的發展影響很大。北海的重要港口有倫敦、漢堡、鹿特丹、阿姆斯特丹、安特衛普和哥本哈根等。

術的運用致命地打擊荷蘭經濟。

在英國海軍絞殺式的封鎖之下，荷蘭經濟最薄弱的一面——過度依賴對外貿易，很快就暴露無遺。據說，當年阿姆斯特丹街道上雜草叢生，乞丐遍地。在英軍圍剿封鎖之下，荷蘭幾乎處於一種民窮財盡的窘境，於是，荷蘭被迫與英國進行和談。一六五四年四月十五日，兩國簽訂《威斯敏斯特和約》。根據和約，荷蘭承認英國在東印度群島擁有與荷蘭同等的貿易權，同意支付二十七萬英鎊的賠款，同意在英國水域向英國船隻敬禮，並割讓了大西洋上的聖赫勒那島給英國。

第一次英荷戰爭以英國勝利告終。英國勝利的原因，最重要的就是英國擁有雄厚的工業實力——能夠迅速補充戰力，海軍的裝備、數量、火力都優於荷蘭。

荷蘭被英國打敗後，對於《航海條例》如芒刺在背，一直在尋求重新奪回制海權的時機。一六六四年四月，一支英國海軍遠征隊佔領了荷蘭在北美的新阿姆斯特丹，並重新命名為紐約。一六六三年，英國得寸進尺，組織「皇家非洲公司」，開始進攻荷蘭在非洲西岸的殖民地，企圖從荷蘭人手中奪取一本萬利的象牙、奴隸和黃金貿易。忍無可忍的荷蘭正式向英國宣戰，於是第二次英荷戰爭爆發了。

一六六七年，荷蘭艦隊的一次襲擊造成英國將近二十萬英鎊的損失，這使英國皇家海軍蒙受了奇恥大辱。英國遭此大敗，再加上國內瘟疫蔓延和倫敦大火兩重災難，已無力再戰。這次襲擊加速了英荷兩國的談判進程。這次和談，實際上代表英荷兩國在殖民角逐中重新畫分了勢力範圍。第二次英荷海戰隨之落幕。

之後，英荷之間又爆發了第三次戰爭。前後二十多年發生在英荷之間的三次戰爭，雙方各有輸贏。儘管荷蘭在軍事上沒有完全輸給英國，可是整體而言，英國佔了上風，荷蘭的海上實力大大削弱了。十七世紀上半葉，荷、英通過森德海峽的船隻數量比例是十三比一，在一六六一至一七〇〇年則為四比一，荷蘭的貿易夥伴大都被英國人奪走。十七世紀末，荷蘭人基本上壟斷了與俄國之間的貿易。十八世紀初，荷蘭每年還有大約二百艘船開往聖彼德堡，五十年後則減少成原來的三分之二，到了一七九五年則只剩下一艘，而同年，英國有五百艘商船開往聖彼德堡。

從此，輝煌了近一個世紀以後，出盡風頭的荷蘭人，逐漸退出了曾經任其自由馳騁的茫茫海域，英國逐漸成為了新的海上霸主。

光榮革命與工業革命

最初，英國政府以重商主義[16]作為立國之本，始終不渝地追求財富。英國沿襲歐洲大陸各國的貿易保護政策，一方面鼓勵本國商品出口、限制他國商品進口的貿易政策。比如，廢除毛紡織品的所有出口關稅，對穀物等商品出口給予獎勵或補貼；另方面在海外拚命搶奪競爭對手的殖民地，打壓競爭對手的海外貿易。如果英國沿著這條路走下去，它的命運也會和葡萄牙、西班牙、荷蘭一樣，會被新的貿易競爭對手取代，但幸運女神又一次垂青了英國。

一六五八年九月，曾經領導資產階級革命的護國主克倫威爾[17]逝世，保王黨分子逐漸活躍起來。一六六〇年二月，保王黨分子、英國駐蘇格蘭軍隊司令蒙克率軍進駐倫敦，並馬上派人到法國敦請查理一世的兒子查理．斯圖亞特回英國當國王。議會通過議案，宣布斯圖亞特為「英格蘭、蘇格蘭、愛爾蘭最強而有力的和不容置疑的國王」。就這樣，斯圖亞特王朝復辟了，英國也因此退回到發生資產階級革命的起點。查理二世一上臺，就瘋狂地反擊革命。他殘酷迫害過去的革命者，凡是參加過審判查理一世的人都被加上「弒君者」的罪名，判處重刑。活著的人一律處死，死去的也不放過，甚至把克倫威爾的屍體從墳墓裡挖了出來，吊在絞刑架上，然後砍斷頭，掛在審判查理一世的威斯敏斯特廳裡示眾。

由於查理二世流亡期間得到法國國王路易十四的庇護，因此，在國家大事上一概聽從路易十四的支配。他不顧國內人民的反對，把克倫威爾從西班牙人手中奪得的敦克爾克賣給法國。敦克爾克是重要的商業港口，這樣做，導致英國失去在歐洲大陸的唯一立足點，對外貿易遭受極大損失。

一六八五年，查理二世去世，他的弟弟詹姆士二世即位。詹姆士二世比查理二世更加反動，他的一系列措施嚴重損害資產階級和新貴族的利益，也遭到眾多人民的反對。

資產階級和新貴族決定發動政變，結束詹姆士二世的統治。他們開始與荷蘭國王威廉談判，要求他對英國進行武裝干涉。威廉是英王詹姆士二世的女婿，他的妻子瑪麗是詹姆士二世的長女。由於詹姆士二世沒有兒子，瑪麗是王位的當然繼承人。

一六八八年十一月五日，威廉率六百艘軍艦和一萬五千名士兵，在英國西南部的托爾基海港登陸，隨即向倫敦進軍。威廉進入英國後，受到貴族和鄉紳的支持，許多高級軍官親自到威廉的駐地表示支持，甚至連詹姆士二世的第二個女兒和女婿都背叛了詹姆士二世，投向威廉。

詹姆士二世於是逃往法國。一六八九年二月，議會宣布威廉為英國國王，瑪麗為女王，實行雙王統治。

隨後，議會通過《權利法案》和《王位繼承法》。這兩項法案規定：未經議會同意，國王不得下令廢止法律，不得任意徵稅，不得任意招募軍隊及維持常備軍；王位繼承問題也不能由國王個人決定，而是要由議會討論通過。

一六八八年的這場政變，是一次沒有經過流血而完成的政變，所以又稱「**光榮革命**」。「光榮革命」的歷史意義非常重大，資產階級確立了世界上第一個君主立憲政體。議會及政府逐漸掌握了治理國家的權力，封建專制的君主統治在英國畫上句點。一個全新的國家，一

⑯【重商主義】十八世紀在歐洲受歡迎的政治經濟體制。信念如下：一個國家的財富必不可少的是貴金屬，如金、銀等。這個國家如果沒有貴金屬礦藏，就要通過貿易來換取。對外貿易必須保持順差，也就是出口額必須超過進口額。因此，伊莉莎白一世不僅採取許多有利於貿易發展的措施，同時還提高商人的政治地位。重商主義的發展可分為兩個階段：十五至十六世紀為早期重商主義時期，十六世紀下半期到十七世紀為晚期重商主義時期。早期重商主義主張採取行政手段，禁止貨幣輸出和積累貨幣財富；晚期重商主義則主張國家應該將貨幣輸出國外，以便擴大購買外國商品。不過也要求，在對外貿易中謹守的原則是購買外國商品的貨幣總額，必須少於出售本國商品所獲得的總額，目的是要保持更多的貨幣流回本國。因此，晚期重商主義者主張，對外貿易必須做到輸出大於輸入，以保持出超。

⑰【奧利弗．克倫威爾】英國政治家、軍事家、宗教領袖，在十七世紀英國資產階級革命中，是資產階級和新貴族集團的代表人物、獨立派首領。在一六四二至一六四八年兩次內戰中，先後統率「鐵騎軍」和新模範軍，戰勝王黨軍隊。一六四九年，在城市平民和自耕農的壓力下，處死國王查理一世，宣布成立共和國。一六五三年，克倫威爾建立軍事獨裁統治，自任「護國主」。

個完全追求利潤最大化的國家出現在人類歷史的舞臺上。正如一名英國人在談到英國後來的發展時所說：「大不列顛的確是各國中最適合發展商業的國家，這是由於它的島國位置，同樣也是由於它的政體的自由和優越性所致。」這個國家註定要爆發前所未有的生產力和創造力。

一七三三年，英國蘭開夏的鐘錶匠凱伊發明了飛梭，只需一個紡織工人就可以完成織布機上的所有工作。十八世紀六〇年代哈格里夫斯發明「珍妮紡紗機」，提高勞動生產力十多倍。接下來必須解決的是動力問題，發明一種在任何地方都能使用的動力機，成為英國工業革命繼續深入的關鍵。這個時期幾乎所有的英國人都在琢磨怎麼能夠生產出更多更好的商品，賺取更大的利潤。一七六九年，格拉斯哥大學的機械修理工瓦特發明了蒸汽機。蒸汽機的發明顯示英國在「光榮革命」之後完成了「工業革命」，從此進入工業時代。

美國耶魯大學教授保羅．甘迺迪評論說：「當蒸汽時代和工業革命到來的時候，它推動著業已領先的英國繼續前行，讓這個島嶼在後來的幾百年中超越了其他國家。」

亞當．斯密對重商主義的反思

「工業革命」讓英國的棉紡生產力很快地生產過剩。英國棉紡織品由一七八五年的四千萬碼增加到一八五〇年的二十億碼，增加約四十九倍；十九世紀中葉，英國棉布產量相當於世界其他國家產量的總和。而一八六〇年英國的人口僅佔世界總人口的二%、歐洲總人口的一〇%，這帶來了一個非常大的難題：當時的英國人口不到二千萬，生產這麼多的衣服、布料賣給誰呢？一位睿智的英國人在這時開始全面思考統治歐洲長達三百多年的重商主義貿易保護政

圖為亞當．斯密。如果說，瓦特靠蒸汽機開啟了工業革命的大門，那麼，亞當．斯密則是靠《國富論》為工業革命後的全球貿易締造了一個新的秩序。

策，這個人就是亞當．斯密。

亞當．斯密認為，英國可以繼續通過貿易保護主義、征服其他領地以及保持獨有的壟斷地位來賺取金錢，但是如果選擇自由貿易，英國可以掙到更多的錢。而且，如果英國讓別人有錢了，他們就能夠向英國購買更多的產品。

如果說，瓦特靠蒸汽機開啟了工業革命的大門；那麼，亞當．斯密則是靠**《國富論》**[18]**為工業革命後的全球貿易締造了一個新的秩序**。在過去，所有的貿易大國都是靠貿易保護、用武力保持貿易壟斷來獲取財富，而**亞當．斯密認為：平等競爭的自由貿易，才能使利益最大化**。

中國南開大學國際經濟貿易系教授楊敬年在談起亞當．斯密的理論時曾說：「亞當．斯密的理論是在工業資本主義發展之前發表的，它促進資本主義的發展，使英國成為第一個世界強國、世界霸權國家，也使全世界的資本主義得到發展。」

高舉「自由貿易」的大旗

馬克思曾經指出，在資產階級統治不到一百年間，所創造的生產力超過了以往歷史的總和。毫無疑問，這其中，英國的表現最為

1760至1860年，英國佔世界製造業的分額

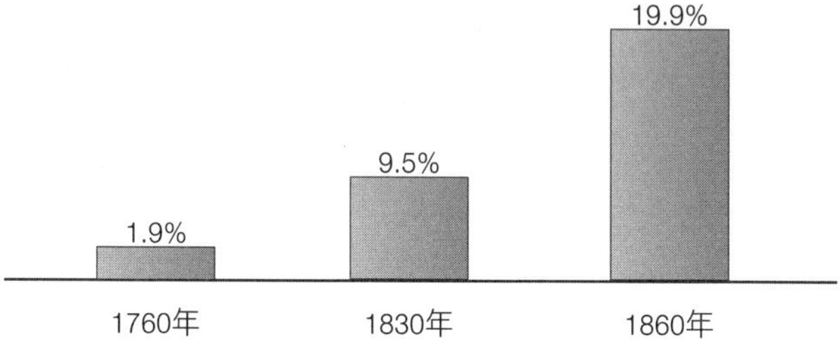

突出。**有三人對此做出巨大的貢獻：一位是為工業革命創造了一把科學鑰匙的牛頓**，另一位是拿著這把鑰匙**開啟工業革命大門的蒸汽機發明者瓦特**，再一位就是**揮動一隻看不見的手、締造經濟新秩序的市場經濟宣導者亞當．斯密**。亞當．斯密經常用最強烈的言辭痛斥壟斷，在《國富論》中他還為大英帝國算了一筆賬，他認為在過去的一百年間，英國維持殖民地的費用難以估量。對於佔人口大多數的大英帝國的人民而言，他們只有損失沒有利潤。因此，**亞當．斯密宣導自由貿易**，他認為廣闊的殖民地不會給英國帶來任何實惠和利益。

在這種背景下，英國開始在全球推行自由貿易政策，先廢棄《穀物法》⑲，結束對穀物進口的限制和關稅；又廢棄《航海條例》，不再要求英國以及它的殖民地的外貿運輸必須由英國船隊運送，結束由英國海運公司的壟斷行為，使英國進入全面零關稅的時期。

英國這種打開大門的自由貿易政策，推行得非常成功，一七六〇年，英國佔世界製造業的分額只有一．九%，到一八三〇年上升至九．五%，到一八六〇年則高達一九．九%。一七八四到一七八六年英國的年外貿出口額為一三六一．四萬英鎊，一八

〇四到一八〇六年間增長到四一二四．一萬英鎊，一八三四至一八三六年為四六一九．三萬英鎊，到一八五四到一八五六年間則達到了一億二五〇．一萬英鎊。一八五〇年左右，英國控制

⓲【《國富論》】英國經濟學家暨哲學家亞當．斯密的經濟學專著，全名為《國民財富的性質和原因的研究》。亞當．斯密於一七六八年著手著述，一七七三年完成初稿，再花三年時間修潤。最終於一七七六年三月出版，當年美國發表《獨立宣言》。書中總結近代初期各國資本主義發展的經驗，批判吸收當時的重要經濟理論，對整個國民經濟運動過程有系統地描述，被譽為「第一部系統的偉大的經濟學著作」。出版後引起廣泛討論，影響所及除了英國本地，歐洲大陸和美洲也為之瘋狂。人們以「一鳴驚人」來形容《國富論》的出版，亞當．斯密因此聲名顯赫。國會進行辯論或討論法律草案時，議員們常徵引《國富論》文句，而且一經引證，反對者大多不再反駁。亞當．斯密反對政府干涉商業和商業事務、贊成低關稅和自由貿易的觀點，在整個十九世紀對政府政策有決定性的影響。該書的偉大成就之一是，摒棄過去許多錯誤概念。亞當．斯密駁斥舊的重商學說，該學說片面強調國家貯備大量金幣的重要性。

《國富論》是現代經濟學的開山之作，後來的經濟學家基本是沿著他的方法分析經濟發展的規律，這部著作也奠定資本主義自由經濟的理論基礎，第一次提出市場經濟會由「看不見的手」自行調節的理論，後來的經濟學家大衛．李嘉圖進一步發展自由經濟自由競爭的理論。馬克思從中看出自由經濟產生週期性經濟危機的必然性，提出用計畫經濟理論解決的思路；凱恩斯則提出政府干預市場經濟宏觀調節的方法。目前的經濟理論仍然處於不斷探索不斷完善的過程，還沒有任何一種盡善盡美、可以完全解決經濟發展的方法，但這本書仍然可以被看作是用現代經濟學研究方法寫作的第一部著作，對經濟學研究仍然有一定的作用，現代經濟學研究都是在這部著作的基礎上進行的，不論是發展它或反對它。

⓳【《穀物法》】又稱「玉米法案」，指英國一六七二年制定的限制穀物進口的法律。一八一五年英國通過新的《穀物法》提高對農業的保護力度。它規定國產穀物平均價達到或超過某種限度時方可進口，目的是維護土地貴族的利益。該法實施後，穀物價格驟漲，工人要求提高工資，外國也提高英國工業品進口稅，從而損害了工業資產階級利益。一八四六年，該法被廢除。

1784至1856年，英國的年外貿出口額

單位：萬英鎊

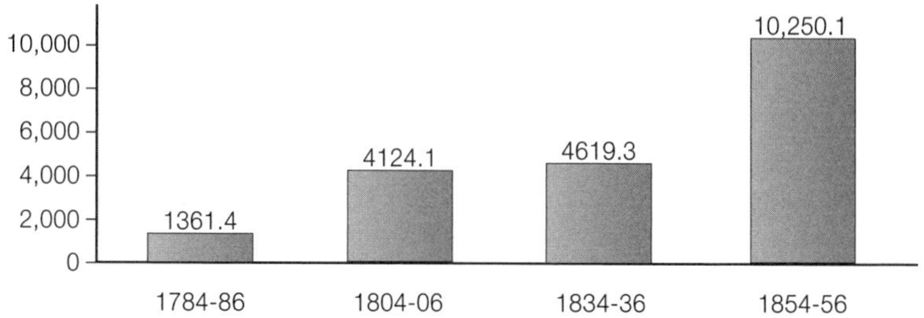

了世界二〇%的貿易總量以及世界工業品四〇%的貿易量；一八六〇年左右，英國佔歐洲貿易總量的三〇%，歐洲工業品出口的四三%。英國製造品的出口量甚至一度佔世界製造品貿易的三分之二，這讓英國成為「主宰世界的帝國」。

英國倫敦政治經濟學院教授尼古拉斯・克拉夫茨提醒大家：「值得注意的是，這種經濟自由化，是在英國早已取得工業領域絕對的領先地位後，才得以實現的。英國成為『世界工廠』之後，我們才進入了自由貿易的時代。」

英國成為一個富裕的國家，這種富裕也表現在國民收入的增長，以及生活水準的提高上：一八〇一到一八五〇年間英國國民總收入增長一二五・六%，一八五一到一九〇一年間又增長二一三・九%。與之相對應的就是英國的人民每年平均收入也明顯提高，一七〇〇年英國的人均收入大概只有八至九英鎊，到一七五〇年前後就增長到二十英鎊，到一八六〇年又增加了一倍。隨著物質產品的空前富足，一些過去只為貴族階層所特有的奢侈品，現在由於批量生產以及價格下降，幾乎所有社會階層都能享用，以至於一位到英國旅行的法國人頗有感觸地說：「像英國這樣一個貴族的國家，卻成功地為人民提供生

活物品，而法國這樣一個民主國家，卻只會為貴族生產。」

一八一五年，英國人打贏了一場震驚全世界的戰爭——拿破崙戰爭，這使他們更加深刻地理解亞當．斯密對英國的貢獻。對於這一輪英法兩國較量，有人這樣評價：「戰爭的勝利不僅是大不列顛軍隊的勝利，也是市場經濟的勝利。」

有一個小小的細節是這次戰爭最好的注腳：拿破崙曾經嘲笑英國是一個「小店主」似的國家，但是這位法國英雄卻沒有想到，無論自己用多麼強大的軍備，採取多麼嚴格的封鎖措施，也難以阻擋「小店主」的產品湧入它要去的地方。拿破崙更不願承認，即便是自己的軍隊與英國人面對面作戰時，身上穿的軍服也都是來自英帝國的棉紡織品。

英國威斯敏斯特大學教授理查．哈丁曾說：「事實上，在戰爭中，英國為參戰國提供了軍服、槍炮和其他產品，而整個歐洲正是這些產品的消費者。因此，當戰爭結束後，英國成為當時世界上無可比擬的產業大國。」

英國籌畫反法戰爭，一方面是為了維護英國一貫堅持的歐洲均勢，不讓任何國家取得對英國的挑戰權；另一方面也是為了爭奪世界商業和殖民的霸權。因此，當反法聯軍在歐洲大陸與拿破崙的軍隊廝殺時，英法之間對殖民地的爭奪也異常激烈，而這場戰爭的勝利者，則順理成章成為下一個世紀的世界霸主。

反法戰爭開始時，英國擁有的殖民地只有二十六個，戰爭結束後則多達四十三個，分布範圍大致為：北美的加拿大、西印度群島，澳洲大陸及附屬島嶼，東方的印度以及一些據點或島嶼。**自由貿易理論培育了英國人的新帝國觀點：殖民地的作用不再是土地本身，而在於它對世**

界貿易的意義。因此，英國佔領那些地方基本上是為了拓展對外貿易，它們有的是原料產地或產品銷售市場，有的能夠確保海外貿易航線的通暢。「貿易優先」的原則在新帝國的形成中表現得相當突出，亞當．斯密有關自由貿易和「自由帝國」的理論開始變為現實。

大英帝國不再把佔領土地作為主要目標，而是依靠海上霸權，進行全球性的世界貿易。一些國家如果接受英國的「貿易」，英國就不使用武力；如果不肯就範，英國就要炫耀武力，實行「炮艦政策」，將其打敗，迫使這些國家接受英國的「貿易」。當時英國在東亞、非洲以及其他地方都是採取這種政策。

當反法聯軍在歐洲大陸與拿破崙的軍隊廝殺時，英、法之間對殖民地的爭奪也異常激烈，這場戰爭的勝利者順理成章地成為了下個世紀的世界霸主。

自由貿易瓦解了殖民地的民族經濟，將這些地區強行拉入資本主義的世界體系，英國由此大大獲益，更進一步鞏固了它在世界上的地位。但**能夠維持「日不落帝國」的地位**，從根本上說**主要在於英國擁有強大的軍事實力**，沒有國家能夠與英國抗衡，這才使其他列強不敢輕舉妄動。

本篇後記

葡萄牙、西班牙、荷蘭、英國的興衰說明了一個道理：**國家的振興和強大，靠的是不斷地創新**。葡萄牙、西班牙憑藉的是開拓全球貿易的途徑；荷蘭憑藉的是創新商業模式；英國憑藉的是制度創新，在關鍵時刻始終站在歷史的前頭。

英國的政治變革、「工業革命」、重商主義，以及之後的自由貿易政策等，都是在那個時代領先全球的，因此，這樣一個小小的國家才能領先世界，引領世界的潮流。這正是英國強盛的秘訣。

在國土面積和人口數量等諸多方面，英國充其量只算是一個中等的國家，能夠在近代歷史的跑道上領先一百餘年，的確讓我們有頗多的感觸。從英國以及其他國家的興衰中，我們應該看到的是隱藏在它們背後的因素，這才是我們探討這一問題的目的。

| 第二篇 |

自由貿易，大旗易主

在英國最為強盛的時候，自由貿易政策開始由這個「日不落帝國」推行至全世界，世界貿易和世界經濟也因此有了極大的發展。當然，英國是這項經濟政策的最大受益者。為了打開其他國家的市場，英國甚至不惜使用戰爭手段。但是，進入二十世紀之後，世界風雲變幻莫測，英國的世界霸主地位也變得岌岌可危。隨著國力的下降，英國的對外貿易政策也開始和自由貿易主義漸行漸遠。究竟是什麼迫使英國放棄自由貿易政策？究竟是誰在接替世界霸主的地位後，再次高舉自由貿易的大旗？

前言

世界博覽會的前世今生

二〇一〇年四月三十日晚上，二〇一〇世界博覽會在上海舉行盛大的開幕儀式。這是有史以來規模最大的一屆，國際展覽局主席藍峰也罕見地用中文致辭，「為在中國這個世界上人口最多、歷史最悠久、文化底蘊最深厚，同時正在經歷巨大和史無前例的城市革命的國家舉辦（世博會），我感到無比高興。這次精彩的世博會將展示二十一世紀初中國的崛起。」

世博會的起源，是一八五一年在英國倫敦舉辦的萬國工業產品大博覽會，當時共有二十五個國家參與，而英國舉辦世博會的目的是為了促進各國間的貿易。

首屆世界博覽會的召開，也是英國登上富裕之頂峰的標誌：一個工業領域的世界霸主，向全世界炫耀它的文明與財富。博覽會場完全由玻璃和鋼鐵建造而成，號稱「水晶宮」。佔地十九英畝，高二十．七公尺，長五百六十三公尺，相當於倫敦聖保羅大教堂的三倍大，數千名工匠花了二十二週時間才建成，總造價高達八萬英鎊。水晶宮內陳列約一萬四千家廠商提供的展品，其中「英國製造」的約佔一半。

英國提供的幾乎都是工業品，而其他國家提供的幾乎都是農產品和手工製品。大廳入口處陳列一塊二十四噸重的煤塊，使人一進門就能感受到現代工業的巨大威力。英國展廳中有自動紡紗機、織布機，七百馬力的海船發動機，三十一噸重的火車頭，舉重一千一百四十四噸的水壓機，各種起重機、壓力機、汽錘、機床、隧道、橋梁以及汽船模型，還有引人注目的蒸汽機等。此外，還有品種繁多的消費品，如火柴、鋼筆、信封，以及一八四〇年在英國發行的世界首枚郵票。

所有英國人，包括女王、王宮貴族及一般民眾，對這次博覽會無不感到歡欣鼓舞，維多利亞女王在博覽會開幕當天所寫的一封信件中這樣說，「一八五一年五月一日，是我國歷史上最偉大的日子，是有史以來最美麗、最莊嚴、最感動人的壯觀場面，是我心愛的阿爾伯特的成功。這是我一生中最幸福、最自豪的一天……」成千上萬的英國人，眼中噙著淚水，秩序井然地走進展廳，每個人臉上都洋溢著歡樂，為自己的國家展現的國力感到自豪。

小說家夏綠蒂．勃朗特❶先後五次參觀博覽會，並且在給父親的信中寫下了自己的體會，

❶【夏綠蒂．勃朗特】英國女小說家，是活躍在英國文壇上的「勃朗特三姊妹」中的老大。三姊妹出生在英格蘭北部約克郡的小村子，父親是個窮牧師，全靠一位小有資產的姨媽資助她們上學，並留給她們財產。後來，三姊妹利用這筆財產的一部分自費出版了她們的第一部詩歌合集。童年的夏綠蒂常和姊妹一起用小本子寫一些奇特的故事。基於父母遺傳的天分和她們後天的努力，三姊妹都擅長寫作，一八四七年，她們各自發表了小說；夏綠蒂以柯勒．貝爾的筆名發表了《簡愛》。夏綠蒂當過教師和家庭教師，曾與妹妹艾米莉於一八四二年去比利時布魯塞爾學習法語和古典文學。夏綠蒂的作品主要描寫貧苦的小資產者的孤獨、反抗和奮鬥，屬於馬克思所說的以狄更斯為首的「出色的一派」。《簡愛》是她的處女作，也是代表作，至今仍受到廣大讀者的歡迎。這位天生體弱的女作家是十九世紀英國文壇上一顆璀璨的明珠。

畫作《萬國工業博覽會》，繪於1852年。1851年在倫敦舉辦的倫敦萬國工業產品大博覽會，共有25個國家參加，英國舉辦世博會的目的是為了促進各國間的貿易。當然，舉辦世界首屆博覽會，也是英國登上世界強國的告示。

「它的壯麗不是指某件物品，而是由所有展覽品組成的天下獨一無二的大聚會。在這裡，你能找到人類工業所能創造的所有物品……這裡相當於阿拉伯的大集市，是阿拉伯神話中的神靈創造出來的集市，因為只有用魔法才能讓世界各地的物品全集中在這裡……工業資本主義的力量，猶如一雙超自然的手，將這次博覽會的展品裝扮得色彩繽紛、魅力四溢。」

第一次世界博覽會是英國向全世界宣示它的繁榮與富足。在英國之前，也曾出現過強國、大國，但從來沒有像英國這樣，因開創一個新的文明而引導了世界潮流，讓全世界都走上工業革命的道路。

英國的大國地位基於它開啟工業文明，創新工業文明，英國因此登上了世界強國的寶座。

4 霸主英國極力推行自由貿易

英國在完成「工業革命」之後，成為世界第一強國，為了佔有更大的市場，攫取更多的利潤，英國極力推行自由貿易政策，甚至不惜使用非常極端的手段——軍事戰爭，來打開海外市場。

推行自由貿易新主張

完成「工業革命」的英國，是當時世界上唯一的工業化國家，它的工業力量差不多等於世界上除英國之外所有其他國家工業力量的總和。但是英國人口有限，大量的工業產品迫切需要找到海外市場。可是當時歐洲的主要國家都在實行貿易壁壘分明的重商主義，英國一方面極力向各國推薦自己的工業產品；另一方面努力向全球提出新的貿易主張——**自由貿易**❷。

❷【自由貿易】政府不採用關稅、配額或其他形式來干預國際貿易的政策。自由貿易是指國家取消對進出口貿易的限制和障礙，取消本國進出口商品的各種優待和特權，對進出口商品不加以干涉和限制，使商品自由進出口，在國內市場上自由競爭的貿易政策。也是「保護貿易」的對稱政策。這不意味著完全放棄對進出口貿易的管理和關稅制度，而是根據外貿法規，即有關的貿易條約與協定，使國內外產品在市場上處於平等地位，展開自由競爭與交易，在關稅制度上，不採用保護關稅，但為了增加財政收入，仍可以徵收財政關稅。

1820年及1875年，歐洲各國平均進口關稅率比較

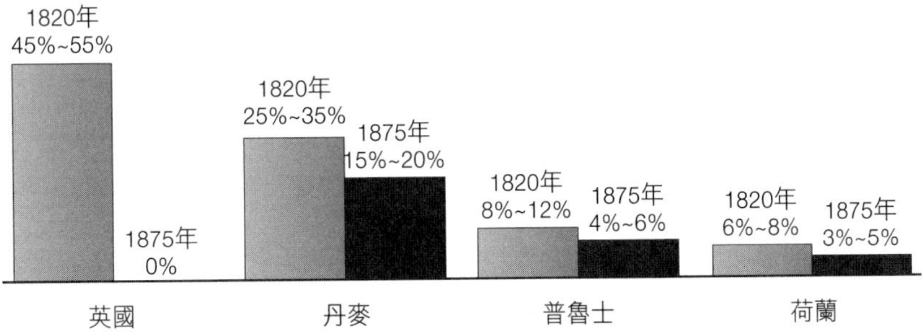

英國的經濟學家亞當・斯密，在《國富論》中詳細闡述自由貿易的理論，他認為：「貿易促進社會分工，更細的勞動分工提升了專業化水準、也提高生產力，後者進而帶動需求與供給，需求與供給的上升回過頭來又進一步促進貿易的發展，提升市場的容量與深度。」

事實上，當時的英國是歐洲貿易保護主義最嚴重的國家之一。一八二〇年，英國制定的製造品平均進口關稅率是四五%至五五%，當時北歐丹麥的進口關稅率是二五%至三五%，歐洲中部普魯士的進口關稅率是八%至一二%，而與英國隔海相望的荷蘭只有六%至八%。

為了打開國外的市場，英國率先取消本國的貿易保護，希望通過取消外國產品輸入英國的限制，來換取其他國家取消對英國產品的限制。英國與歐洲各主要國家訂立互惠關稅協定，降低原料和工業品的進口稅率，取消絲織品進口的禁令。十九世紀四〇年代英國又取消了幾百種商品的進口稅，降低上千種商品的進口稅率。具有特別重要意義的是，一八四六年英國廢除《穀物法》，一八五四年完全取消《航海條例》，英國成了實行自由貿易的國家。通過一輪又一輪的談判，到了一八七五

年，英國已經將製造品的平均進口關稅率下調為零，而丹麥下調到一五%至二〇%，普魯士下調到四%至六%，荷蘭下調到了三%至五%。

談到英國對外貿易政策的轉變，北京師範大學歷史學院教授郭家宏認為，根本原因在於英國國力強盛，「這時候英國已經不需要條例來保護了，相反的，它需要自由地向世界各國發展。也就是說，英國本身經濟發展迅速，產品豐富，而且產品的競爭力強，需要其他國家對它開放市場，開放市場意味著推行自由貿易。」

鴉片戰爭：炮火掩護下的自由貿易

由於擁有無可匹敵的工業優勢，自由貿易政策讓「英國製造」得以在更廣闊的市場上長驅直入，英國製造品的出口量佔世界製造品貿易的三分之二。但英國在推行自由貿易時，靠的不完全是英國產品的競爭力。正如前文提到的，如果某個國家接受英國的自由貿易政策，英國就會坐在談判桌上與對方談判；如果拒絕，英國就會用武力來解決。其中最為中國人所熟知的，就是開啟中國近代史的**鴉片戰爭**。

一八四〇年，英國向古老封建的中國發動一場侵略戰爭，戰爭的導火線是英國向中國走私鴉片遭到查禁。為什麼當時自稱最文明的國家要向中國走私毒品呢？最主要的原因是英國的產品無法與中國的產品公平競爭。

從乾隆皇帝後期開始，清朝的統治日趨衰落。清政府卻仍以「天朝上國」自居，虛驕自大，閉目塞聽。而同一時期的歐洲則已有長足的發展，並把地域遼闊、人口眾多的中國，作為他們擴大海外市場的目標。但是，中國自古以來是一個農業國家，自給自足的自然經濟[3]使中國人對外來的產品需求量小。同時，清政府實行「閉關政策」，也在一定程度上限制了對外貿易的規模，這導致英國商品在向中國輸入時遇到頑強的抵抗。英國對中國出口的商品主要是紡織品、金屬製品和從印度運來的棉花，後兩種商品能夠賺點錢，但數量有限，大宗紡織品則虧損累累。

儘管當時的英國已經完成工業化，中國仍處於手工業階段，但中國的手工業品製作精良。曾經有位英國商人將中國手工製成的紡織品拿回英國本土，問一位紡織業主，能不能用相同的價格織出同樣的產品。這位英國紡織業主仔細看了看說：「我做不到。」

英國的產品在中國沒有銷路，但英國又亟需中國的茶葉、生絲等商品。在若干年裡，中英保持著正常的貿易關係，中國方面一直保持著出超的地位。直到十九世紀三〇年代初，中國出超額仍在每年二百至三百萬兩白銀以上。英國跟中國做買賣，目的是要盈利賺錢，這種貿易格局當然令他們無法接受。英國人想盡辦法要改變這一局面。不久之後，他們想到了一個妙計，對中國輸入鴉片，設法扭轉在貿易中的不利地位。

英國開始將大量鴉片輸入中國，甚至不惜採取賄賂官吏或武裝走私等卑劣手段，來達到盈利的目的。在十九世紀最初的二十年中，英國從印度輸入中國的鴉片平均每年約四千箱。到十九世紀三〇年代數量激增，一八三九年達到了四萬箱。除了英國以外，還有美國商人從土耳其轉運鴉片來中國，但數量不多。從十九世紀三〇年代起，在英國對華貿易總值中，鴉片貿易額就佔了二分之一以上。

通過鴉片貿易，英國在對華貿易中轉入超為出超，變劣勢為優勢；而中國則剛好相反。在向中國輸入鴉片前，英國在廣州的貿易活動始終處於虧損狀態，「一八二一年英商運至廣州的天鵝絨、剪絨、印花布虧本六〇％以上，一八二六年增加的棉布也虧本一〇％左右。英國東印度公司在廣州的整個進口生意中，幾乎沒有一年不虧本的。」但是，鴉片貿易卻給英國東印度公司、英屬印度殖民地政府和鴉片販子帶來了巨大利益。

鴉片貿易使中國每年的白銀外流量起碼在一千萬兩以上，嚴重破壞經濟的平衡，並引發一連串的社會惡果，造成了清政府的財政危機。同時，鴉片貿易也加劇清朝統治機構的腐敗，嚴重損害中國人的健康。隨著鴉片氾濫日益嚴重，清朝統治已經到了關乎生死存亡的關鍵時刻，於是，禁煙問題被緊迫地提上議事日程。

❸【自然經濟】簡單地講就是自給自足的經濟，沒有商品交換。生產是為了直接滿足生產者個人或經濟單位的需要，而不是為了交換的經濟形式。自然經濟是商品經濟的對立面，是私有制經濟的一種表現，是社會生產力水準低下和社會分工不發達的產物。此種經濟形態佔統治地位的持續時間涵蓋原始社會、封建社會以及早期的資本主義社會與半殖民地半封建社會。

西歐的封建領地是典型的自然經濟。除了農田外，還有大量的公用牧場、草地、森林以及漁場。畜牧業比較發達，木材自給，有的領地甚至向農奴徵收鹽或鐵。農民的代役租，除布、家具、蜂蜜、酒、禽蛋、蔬果外，還有農具、工具、建築材料等。領地內部的勞動交換和協作也比較發達。

在中國地主制經濟中，領地大體相當於過去采邑的一個鄉里或邑縣，包括這一地區的地主、農民、各種工匠、手藝人，還有小商人，否則很難做到從生產資料到消費資料的基本自給。他們是靠在地方小市場上進行品種調劑、餘缺調劑，互相取得原料或成品完成再生產的，這是和西歐莊園經濟不同的地方。這種調劑往往也經過商人，但它是使用價值的交換，乃至勞動的直接交換，應當屬於自然經濟的範疇。

道光皇帝經過一番權衡，召見湖廣總督林則徐進京，深入討論禁煙問題，最後於一八三八年十二月，任命林則徐為欽差大臣並指揮管轄廣東水師。林則徐於是趕回廣州查禁鴉片。

林則徐於一八三九年三月到達廣州。在人民群眾的支持協助下，整頓海防，嚴抓煙販，懲處收受賄賂的水師官兵。並且通過多方面的調查，掌握內幕情況。與此同時，他對外國鴉片販子也採取了嚴厲措施，「責令外商將船上所存的鴉片，造具清冊，聽候收繳，並具甘結，聲明嗣後來船永不夾帶鴉片，如有帶來，一經查出，貨即沒收，人即正法。」林則徐堅決地表示：「若鴉片一日未絕，本大臣一日不回，誓與此事相始終，斷無中止之理。」最後，英國鴉片販子被迫繳出二萬餘箱鴉片。一八三九年六月三日至六月二十五日，林則徐在虎門海灘主持銷毀收繳的鴉片，禁煙運動達到最高潮。這就是中國近代史上著名的「**虎門銷煙**」。

一八三九年八月初，中國禁煙消息傳至英國，國會對此進行了激烈的辯論，在女王維多利亞的影響下，國會最終以二百七十一票對二百六十二票通過對中國採行軍事行動。一八三九年十月一日，英國內閣作出「派遣艦隊去中國海」的決定。一八四〇年二月，英國政府任命懿律和義律為正、副全權代表，其中懿律為侵華英軍總司令。一八四〇年四月，英國議會正式通過發動戰爭的決議案，派兵侵略中國。同年六月，懿律率領的英國艦隊四十餘艘及士兵四千人到達中國海面，這顯示第一次鴉片戰爭正式展開。

其實，我們可以從中得出一個結論：鴉片戰爭爆發的根本原因，就是在「工業革命」之後，英國想要奪取原料產地和消費市場，因推行「自由貿易」受阻，於是決意用武力打開中國的通商大門。

這場戰爭斷斷續續進行了兩年，中國最終失敗，從此由封建社會逐漸走向半殖民地半封建社會，割地賠款，國門洞開，噩運不斷。喪權辱國的中英《南京條約》[4]規定：中國除了租借香港和賠款二千一百萬銀元外，還要同意自由貿易政策，開放廣州、廈門、福州、寧波、上海等五處港口進行通商，英國獲得協議關稅和干涉司法的領事裁判權。英國在中國得到的利益，令其他西方列強格外眼紅。

一八五四年，《南京條約》簽約屆滿十二年。英國曲解中美《望廈條約》[5]關於十二年後

[4]【中英《南京條約》】共十三項條款，列舉主要內容如下：

1. 宣布結束戰爭。兩國關係由戰爭狀態進入和平狀態。
2. 五口通商。清朝政府開放廣州、廈門、福州、寧波、上海等五處為通商口岸，准許英國派駐領事，准許英國商人及其家屬自由居住。
3. 賠款。清政府向英國賠款二千一百萬銀元，其中六百萬銀元賠償被焚的鴉片，一千二百萬銀元賠償英國軍費，三百萬銀元償還商人債務。賠款分四年繳交，倘未能按期交足，則酌定每年每百元應加利息五銀元。
4. 割地。清朝政府將香港島割讓給英國。
5. 中國海關關稅應與英國商定。
6. 廢除公行制度，准許英商與華商自由貿易。

《南京條約》是近代西方資本主義國家強加在中國人民身上的第一個不平等條約。英國以武力侵略的方式迫使中國接受其要求，中國主權國家的獨立地位因此遭到破壞。強佔香港，損害中國領土的完整；通商口岸成為西方資本主義對中國進行殖民掠奪和不等價交換的中心；巨額賠償加重清政府的財政負擔，清政府將其轉嫁到人民身上，使人民的生活更加艱苦。《南京條約》簽訂後，西方列強趁火打劫，相繼強迫清政府簽訂了一系列不平等條約。從此，中國淪為半殖民地半封建社會。

貿易及海面各款稍可變更的規定，援引最惠國條款，向清政府提出全面修改《南京條約》的要求。主要內容為：中國全境開放通商，鴉片貿易合法化，進出口貨物免交子口稅❻，外國公使常駐北京等。法、美兩國也分別要求修改條約。清政府表示拒絕，交涉沒有結果。一八五六年，中美《望廈條約》屆滿十二年，美國在英、法的支持下，再次提出全面修改條約的要求，但仍被清政府拒絕。至此，西方列強決定聯合對中國發動一場新的侵略戰爭。

英國軍隊首先挑起戰端，歷史上的第二次鴉片戰爭全面爆發。英國與法國聯合出兵，大舉進攻中國。美國隨後加入，俄國也請求加入。當然，結果仍然是滿清政府戰敗，被迫分別與英、法、美和俄國簽訂了《天津條約》❼。一八六〇年二月，英、法繼續擴大侵華戰爭，進軍北京，洗劫並火燒圓明園，迫使清政府分別與英國和法國簽訂《北京條約》❽……

❺【中美《望廈條約》】中英《南京條約》簽訂消息傳到華盛頓，美國總統泰勒於一八四二年十二月咨會國會，要求派遣代表來華商談建立新的經濟關係。隔年五月，美國派特使顧盛來華，要求中方給予美國與英國同等的通商條件。一八四四年六月十八日，清欽差大臣、兩廣總督耆英，與顧盛在澳門附近的望廈村進行會談。談判過程中，美方軟硬兼施，採用訛詐的手法脅迫中方。耆英屈服於壓力，抱著「一視同仁」的宗旨，接受了美方所擬定的條約草案。同年七月三日，雙方正式簽訂了《中美五口通商章程》和《海關稅則》。因簽約地在澳門望廈村，所以又稱《望廈條約》。

中美《望廈條約》共三十四條款，主要內容為美國在通商、外交等方面，享有與英國同等的權利。

1. 協定關稅。條約規定：「倘中國日後欲變更稅率，須與合眾國領事等官議允」，此為中國近代史上損害經濟權益甚重的「協定關稅」之始。
2. 擴大領事裁判權範圍。條約規定：兩國國民發生訴訟事件，美國國民由美國領事等官員捉拿審訊，按照美國法律與慣例處理；美國國民在中國與別國國民發生爭議，清政府官員無權過問。由此，清朝對美國國民的逮捕、審訊定罪、懲治的司法權力全部喪失。

3. 侵犯中國的領海權。美國軍船可以任意到中國港口「巡查貿易」，清朝港口官員須「友好」接待。停泊在中國的美國商船，清政府無從統轄。

4. 規定十二年後可「修約」。此外還規定片面最惠國待遇，如中國日後給他國某種優惠，美國應一體均沾。

中美《望廈條約》是比中英《南京條約》、《虎門條約》及其附件更細緻完備的不平等條約。是加在中國身上又一道更沉重的枷鎖，並成為日後中法《黃埔條約》及其他帝國列強與中國簽訂不平等條約的範本。

❻【子口稅】十九世紀中葉至二十世紀三〇年代，進口洋貨運銷中國內地及自內地運送土貨至通商口岸出口時，所繳納的抵代通過稅的一種稅款。這種抵代稅相當於進出口稅的一半，所以又稱「子口半稅」。這是帝國主義破壞中國內地主權的一種稅制，起源於第一次鴉片戰爭期間。

❼【中俄《天津條約》】第二次鴉片戰爭期間，俄國以調停為名誘迫清政府定立的不平等條約。一八五八年（咸豐八年）六月十三日由欽差大臣桂良、花沙納與俄國駐華公使普提雅廷在天津簽訂，共十二條款。主要內容是：俄國在上海、寧波、福州、廈門、廣州、臺灣（臺南）、瓊州等七處口岸通商，若他國有在沿海增開口岸，准俄國一律照辦；俄國在中國各通商口岸設立領事館，並派兵船在這些口岸停泊；俄國東正教教士得入內地自由傳教；中俄兩國派人員查勘「從前未經定明邊界」（實際是藉此侵佔中國領土）；日後中國若給予其他國家通商等特權，俄國一律享受。

【中美《天津條約》】原稱《中美和好條約》。第二次鴉片戰爭期間，美國以調停為名誘迫清政府訂立的不平等條約。同年六月十八日由欽差大臣桂良、花沙納與美國駐華公使列衛廉簽訂，共三十款。主要內容是：清政府倘准許其他國家公使駐北京，應准美國一律照辦；增開潮州、臺灣（臺南）為通商口岸（後來開埠時潮州口岸設在汕頭）；耶穌教教士得自由傳教；擴大片面的最惠國待遇，即清政府給其他國家的特權，「無論關涉船隻海面、通商貿易、政事交往等事情」，美國得「一體均沾」；確定領事裁判權。

【中英《天津條約》】被迫簽約理由及時間同美、俄。主要內容是：英國公使得住北京，並在通商各口設領事館；增開牛莊、登州、臺灣（臺南）、潮州、瓊州、漢口、九江、南京、鎮江、淡水為通商口岸（後來開埠時，牛莊口岸設在營口，登州口岸設在煙臺，潮州口岸設在汕頭）；耶穌教、天主教教士得自由傳教；英國人得往內地、遊歷、通商；英國商船可以在長江各口往來；中英兩國派員在上海舉行會議，修改關稅稅則；中國給英國賠款白銀四百萬兩；確定領事裁判權和片面的最惠國待遇。

【中法《天津條約》】被迫簽約理由及時間同美、俄。主要內容是：法國公使得住北京；（續下頁）

兩次鴉片戰爭最終使英國在中國販賣鴉片合法化。中國因為進口鴉片每年流出三千萬至四千萬兩白銀，據馬克思說，鴉片為英國財政提供了六分之一的收入。

鴉片戰爭掀開了中國近代的屈辱史。鴉片戰爭後，中國喪失了對外貿易的自主權，先是喪失了關稅自主權，緊接著又失去了海關行政權。外國勢力強加給中國的貿易協定，將進口平均稅率降到三．二%，成為舉世罕見的最低稅率，大量外國商品傾銷到中國，對外貿易完全被外國公司的在華洋行壟斷。

但是，給中國人帶來切膚之痛的鴉片戰爭，在英國的歷史書中卻是輕描淡寫。因為十九世紀，英國在自由貿易主義的大旗下，發動了太多類似的貿易戰爭。

增開瓊州、潮州、臺灣（臺南）、淡水、登州、南京為通商口岸（後來開埠時，登州口岸設在煙臺，潮州口岸設在汕頭），並在各口設領事館；天主教教士得入內地自由傳教；法國人得往內地及遊歷；凡中國與各國議定的稅則、關口稅、噸稅、過關稅、出入口貨稅，法國都可「均沾」；法國兵船可以在中國各通商口岸停泊；中國給法國賠款白銀二百萬兩。

❽【中英《北京條約》】原稱《中英續增條約》，英國強迫清政府訂立的關於結束第二次鴉片戰爭的不平等條約。一八六〇年（咸豐十年）十月二十四日由清欽差大臣奕訢與英國全權代表額爾金在北京簽訂，共九款。這個條約除確認中英《天津條約》仍屬有效外，又增加了擴大侵略的條款：開天津為商埠；准許英國招募華工出國；割讓九龍司地方一區給英國；中英《天津條約》中規定的賠款增加為八百萬兩。簽約後，英國即表示扶助清政府鎮壓太平天國運動，並支持洋務派奕訢當政。

【中法《北京條約》】原稱《中法續增條約》，法國強迫清政府訂立的不平等條約。一八六〇年十月二十五日由清欽差大臣奕訢與法國全權代表葛羅簽訂，共十款。這個條約除確認中法《天津條約》仍屬有效外，又增加了擴大侵略的條款：開天津為商埠；准許法國招募華工出國；將以前被充公的天主教產賠還，法方在中文約本上私自增加：「並任法國傳教士在各省租買田地，建造自便」；中法《天津條約》中規定的賠款增加為八百萬兩白銀。簽約後，法國即表示扶助清政府鎮壓太平天國運動，並支持洋務派奕訢當政。

《北京條約》是《天津條約》的繼續和擴大，它不僅承認《天津條約》完全有效，而且攫取了一些新的侵略權益：開天津為商埠後，西方資本主義侵略勢力有了大肆掠奪華北經濟的侵略據點；割佔九龍半島、烏蘇里江以東大片領土，進一步破壞了中國領土主權的完整；英、法侵略者可以公開掠賣中國人口出洋做奴隸、當馬牛；軍費賠款是對中國人民又一次殘酷掠奪；外國教會侵略勢力更加深入和日益猖獗；開放口岸已從沿海各地深入到長江中下游地區；侵犯了中國的司法主權，加深中國的半殖民地半封建化性質。這些使中國人民的災難日益深重。

5 與自由貿易漸行漸遠

「三十年河東，三十年河西」，用這句話來形容十九至二十世紀的英國恐怕再合適不過了。隨著「第二次工業革命」的發生，世界經濟格局發生了翻天覆地的變化。又隨著國力的日漸衰落，英國也和它原來奉行的「自由貿易政策」漸行漸遠。並且由於世界政治、經濟格局的風雲變幻，以及各國紛紛樹立貿易壁壘，第一次世界大戰終於不可避免地爆發了。

新興國家奉行貿易保護

就在「日不落帝國」看似如日中天的時候，太陽其實已經悄悄地傾斜。**從十九世紀七〇年代起，「第二次工業革命」逐漸展開，這一次，站在最前頭的是剛剛崛起的德國。**

一八七〇年以後，科學技術突飛猛進地發展，各種新技術、新發明層出不窮，並被迅速應用在工業生產，大大促進經濟的發展，這就是「第二次工業革命」。當時，科學技術的突出發展主要表現在四個方面：**電力的廣泛應用、內燃機**[9]**和新交通工具的創造、新通訊技術的發明和化學工業的建立**。

「第二次工業革命」的特點是廣泛應用電力。一八三一年，英國科學家法拉第發現電磁感應現象，根據這一現象，人們深入研究電能。在進一步完善電學理論的同時，科學家們開始研製發電機。一八六六年，德國人西門子研發製成發電機；一八七〇年，比利時人格拉姆發明電動機，電力開始用來帶動機器，成為補充和取代蒸汽動力的新能源，電力工業和電器製造業迅速發展起來。人類正式邁入電氣時代。

「第二次工業革命」另一重大成就是內燃機的發明和運用。十九世紀七、八〇年代，以煤氣和汽油為燃料的內燃機相繼誕生，十九世紀九〇年代柴油機建造成功。內燃機的發明解決了交通工具的發動機問題。一八八五年，德國人卡爾．本茨成功製造第一輛由內燃機驅動的汽車，內燃機車、遠洋輪船等也得以迅速發展。

內燃機的發明，還推動了石油開採業的發展和石油化工工業的產生。隨著內燃機的廣泛使用，石油的開採量和提煉技術也大大提升。一八七〇年，全世界只生產大約八十萬噸的石油，到一九〇〇年石油產量已猛然增加到二千萬噸。

一八九六年，德國工程師首次將內燃機裝在飛行器上進行飛行實驗，試飛高度曾到達三十多公尺，對飛行技術的改進和提高做出重要貢獻。一九〇三年十二月，以內燃機為動力的飛機飛上藍天，實現了人類翱翔天空的夢想。

「第二次工業革命」期間，電訊事業的發展同樣迅速。繼有線電報出現之後，電話、無線

❾【內燃機】將液體或氣體燃料與空氣混合後，直接輸入機器內部燃燒產生熱能再轉化為機械能的一種機械。內燃機具有體積小、重量輕、便於移動、熱效率高、起動性能好的特點。內燃機一般使用石油當燃料。

電報相繼問世，提供了快速傳遞資訊的需求。從此，世界各地的經濟、政治和文化聯繫更加方便及迅速。

化學工業的建立也是這一時期科學技術應用與生產的重大突破。一八六七年，諾貝爾成功研製炸藥；十九世紀八〇年代改良了無煙炸藥，大大促進軍事工業的發展。十九世紀八〇年代初期，科學家提煉出氨、苯等化學產品，城市生活的發展因此出現顯著的改變。

「第二次工業革命」也推動了如冶金、造船和機器製造業的技術革新和發展。

從動力方面來說，蒸汽動力已經陳舊了，電成為新的動力來源。隨之而來的就是電氣行業、電力工業等的出現；鋼也取代了鐵，成為更重要的材料，而機械行業在運用鋼材料的基礎上，成為一個非常重要的工業部門；此外，化工、石油、新的交通工具等也發展起來，這些都成為「第二次工業革命」的龍頭產業。英國就在這樣一個轉型的過程中逐漸落伍了。

德國卻在「第二次工業革命」時期，以迅不可擋的形勢躍入西方強國的行列。「德國製造」也一改往日給人的低檔產品的形象，成為製作精巧、品質優良的標誌。

當時的德國政府採取自由貿易政策，對大多數進口商品包括鋼鐵、煤、農產品等，都給予免稅待遇。結果，這使當時的德國市場形勢變得十分嚴峻，英國的低價鋼鐵開始侵佔德國市場。為了避免和英國這樣的工業強國直接競爭，讓德國的新興產業有一個不受衝擊的發展環境，一位名叫弗里德里希·李斯特的經濟學家提出了他的主張。

李斯特的代表作**《政治經濟學的國民體系》**問世之後，廣受歡迎。著作中抨擊英國古典學派的自由放任和「世界主義」政策，認為它忽視了國家的作用，和不同國家經濟發展的民族特色，因而竭力反對自由貿易政策，**主張實行「保護關稅制度」**。

李斯特認為，財富的生產比財富本身更為重要。向國外購買廉價商品，表面上看來似乎合算一些，但從長遠來看，卻會阻礙工業發展，使德國長期處於從屬國地位。而且作為工業國的後起之秀，在自由貿易環境中會遭到扼殺，所以，只有樹起「關稅壁壘」來保護幼稚產業，才會讓德國的工業有發展的空間和市場。為了培養生產力，德國政府必須採取保護關稅政策。這樣做，起初的確會提高工業產品的價格，但經過一段時期之後，生產力提高了，商品生產費用就會降低下來，商品價格甚至會低於國外進口商品的價格。因此，**李斯特被稱為「貿易保護主義」的鼻祖**。

有「鐵血宰相」之稱的俾斯麥，採納了這種國家干預和貿易保護的發展模式。一八七九年，德國推行了聲勢浩大的增加關稅政策，目的在鞏固德國地主和重工業主義者的利益，史稱「**鐵與黑煤的聯姻**」。實施這項措施帶來的結果是：進口減少，出口增加，德國工業日漸繁榮。同時，隨著市場上商品價格的提高，企業盈利增加，實力上升。十九世紀末二十世紀初，德國工業已經高度發展。德國的煤炭和鋼鐵產量迅速躍居歐洲第一，化工產品總產量也躍居世界首位。

在大西洋的另一端，**美國也在「第二次工業革命」中起步**。它的貿易保護政策比德國更是有過之而無不及。

美國第一任財政部長漢密爾頓，首次提出保護「幼稚工業」[10]的概念。

美國總統亞伯拉罕．林肯曾說：「我對關稅所知不多，但我很清楚，當我們買海外製造品

1900年，英法德美四國工業產值比率

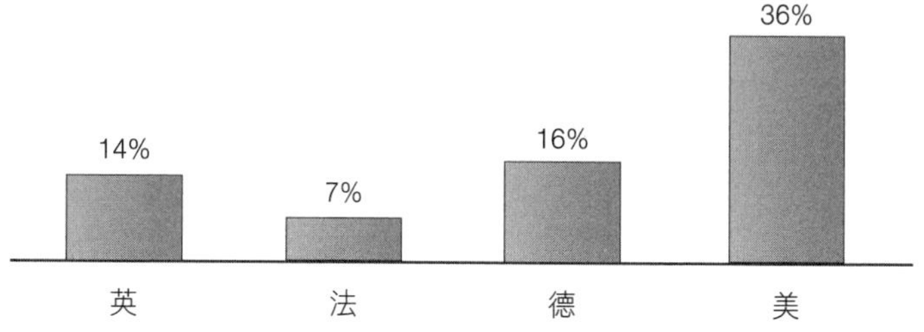

時，我們得到了商品，而外國人賺到了錢。當我們買國內的製造品時，我們既得到商品又賺到了錢。」

而美國的另一位總統威廉・麥金萊則說得更加直白：「我們在農業上領先所有國家；我們在礦業上領先所有國家；我們在製造業上領先所有國家。我們領到的這些獎杯，都經過了數十年的關稅保護。」

從一八七五年到一九一三年，當英國製造品進口平均關稅為零的時候，美國的進口關稅率是四〇%至五〇%。直到第二次世界大戰結束時，美國始終是世界上製造業平均進口關稅最高的國家之一。

在某種程度上，美國正是依靠貿易保護策略，保護自己的市場，維護自己的工業發展。

英國逐步遠離自由貿易

德國、美國這些新興的工業化國家，不僅在本國高高樹起貿易壁壘，阻止英國、法國這些老牌工業國家的產品進入，同時，它們還打起這些老牌帝國的海外殖民地的主意。一九〇〇年，美國工業產值佔全球工業產值三六%、德國佔一六%、英國佔一四%、法國佔七%，但此時英法的殖民地卻比德國和美國多很多。

德國、美國這些新興國家爭奪殖民地之後，也像在它的本土一樣，在當地建造貿易壁壘。這樣一來，原本在全世界通行無阻的英國，現在被一道又一道的牆擋在外面。

除了在殖民地爭奪方面，各國的經濟發展也發生顯著變化，這也加深了各個工業強國之間的矛盾。自一八七〇年以後，英國經濟便出現衰落的跡象。十九世紀八〇年代，美國的工業能力超過了英國，在世界工業生產中躍居第一。德國的增長速度僅次於美國，表現出強勁的發展態勢，以最快的速度追趕並超越英國。

俄國和日本也有明顯的成就，與英國的距離縮小，法國同樣對英國形成巨大的壓力。而英國同期的發展速度則迅速下降，十九世紀末二十世紀初，英國逐步喪失「世界工廠」的地位。從一八八〇年到一九一三年，英國在全世界製造業總產量的比重，從二二・九%減少到一三・六%，在世界貿易中所佔分額也從二三・二%下降到一四・一%。美國和德國的工業生產已經相繼超過了英國。一八九九至一九一三年，英國的工業出口增長率只有四八%，美國、德國和日本分別是一〇〇%、一二一%和一五一%。一九〇一年，美國和德國的鋼產量都遠超過英國。一九一三年和一八三〇年相比，英國棉紡織工業產量，在世界總產量中所佔的分額下降了將近三分之二，英國紡織業的重地蘭開郡，已經被排擠出歐洲和美國的大部分

❿【幼稚工業】尚處於建立和發展階段，還不具備自由競爭能力的工業。

1899至1913年，英美德日工業出口增長率

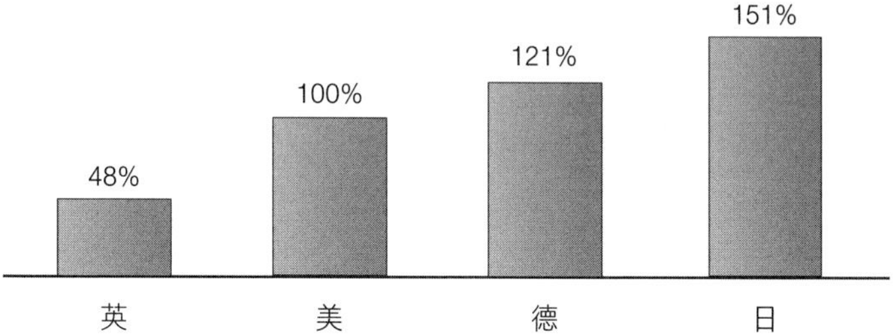

市場。一九一三年，英國的機器生產量，在世界總分額中所佔比重已經不到八分之一，而美國佔到一半以上，德國也佔到五分之一。在電氣設備、有機化工、內燃機等新工業產品方面，英國更是落在美國和德國後面了。

在失去經濟領先地位後的一段時間，英國仍然沿用自由貿易政策，導致英國產品在國外競爭中處於非常不利的地位。英國對其他國家產品敞開大門，免徵關稅，而其他國家則繼續對英國產品徵收關稅，甚至連帝國內部的自治領地也是如此。這樣一來，那些新興國家就可以利用低價的產品衝擊英國市場，同時將英國商品拒之於門外，從而保護本國經濟。在這裡，我們只需看一個案例就可以一窺究竟。由於實行自由貿易，大量的美國小麥佔領英國市場，造成英國國內農產品價格一降再降，大批農民被迫停止耕種，導致農田荒蕪。一八七二至一八九五年，二十三年間，英國小麥播種面積減少了將近六〇%。

為維護本國利益，英國又重新開始了國家干預，建造關稅壁壘，而自由貿易的理論逐步被放棄。大約到了二十世紀三〇年代，英國最終放棄自由貿易的經濟模式。

正是這種經濟發展和殖民地分配的不均衡，導致了工業強國

間的矛盾異常尖銳，各種摩擦和衝突也越來越頻繁，並逐漸升級，最後演變成戰爭。**一九一四年，第一次世界大戰因此爆發**。

在第一次世界大戰中，歐洲共有一千多萬人喪生，經濟損失高達一千七百多億美元。英國更是在這場戰爭中加速衰落。在這次大戰中，大英帝國投入了九百五十萬兵力，其中六百萬出自英國本土。戰爭結束後，英軍傷亡人數達八十萬，軍費開支則將近一百億英鎊。龐大的軍費開支造成財政赤字劇增，政府只能依靠增發國債和紙幣來填補虧空，並停止兌現黃金的「金本位[11]」政策。

英國在國外的投資損失了二五％，而這些投資在戰前高達四十億英鎊，佔國際投資總額的四一％。英國還不得不向美國借債，從美國的債權國變成了美國的債務國。英國被迫放棄自由放任的經濟思想，轉而實行對經濟的直接控制。**金本位制被中止、財政平衡被破壞、自由貿易政策受到衝擊，這些正是戰前英國經濟的三大支柱**。

與此同時，向戰爭雙方提供軍事物資的美國，商品出口總值翻了一倍，國民生產毛額（GDP）從二四九．二億美元增加到六三九．七億美元，增長一五六．七％，美國掌握了世

[11]【金本位】金本位制，以黃金為本位幣的貨幣制度。在金本位制下，每單位的貨幣價值等同於若干重量的黃金（也就是貨幣含金量）；當不同國家使用金本位時，國家之間的匯率由它們各自貨幣的含金量之比——鑄幣平價來決定。金本位制於十九世紀中期開始盛行。在歷史上，曾有過三種形式的金本位制：金幣本位制、金塊本位制、金匯兌本位制，其中金幣本位制是最典型的形式，狹義的金本位制就是指該種貨幣制度。

福特展示福特公司製造的廠型車。1913年8月一個炎熱的早晨，當福特汽車公司的工人們第一次把零件安裝在緩緩移動的汽車車身上時，標準化、流水線和科學管理融為一體的現代大規模生產就此展開了。

界黃金儲備的四〇%。戰前，美國尚欠歐洲六十多億美元的債務，戰爭結束後統計，全世界在大戰時期有二十個國家積欠美國的債務，其中歐洲各國共欠美國九十四億美元。美國從債務國一躍變成債權國。

列寧曾用尖銳的文字，揭露美國靠第一次世界大戰發財的事實，他說：「**美國聚斂的財富最多。他們把所有的國家，甚至最富有的國家，都變成自己的進貢者。他們掠奪了數千億美元……每一塊美元都有使每個國家的富人發財、窮人破產、『有利可圖』的軍事訂貨的汙跡。每一塊美元都有一千萬死者和二千萬殘廢者的血跡。**」

一九一三年八月一個炎熱的早晨，當美國福特汽車公司的工人們，第一次把零件安裝在緩緩移動的汽車車身時，標準化、流水線和科學管理，融為一體的現代大規模生產就此展開了。福特建立了當時世界上最大的汽車工廠，每天都有大量的煤、鐵、砂子和橡膠，從流水線的一頭運進去，有二千五百輛T型車從另一頭運出來。美國的汽車製造業日趨成熟，對橡膠的需求量大幅增長，而橡膠的產地恰恰集中在英國的殖民地，英美兩國在國際貿易上的較量，也變得越來越頻繁。

為了制約美國，一九一八年，英國推出「史蒂文生計畫」。這個計畫的目的就是禁止向英聯邦[12]成員國以外的國家出口橡膠，如果出口，關稅價格將提高四倍。英國正式通過這項措施，來保證對原料市場以及英屬殖民地的控制。

一九二〇年，資本主義世界出現短暫的經濟危機。以美國為例，在危機期間，工業生產總值下降了二五％，機器製造、煤炭、鋼鐵，都曾下降七〇％左右；農業生產總指數下降一一．四％，其中主要農產品價格最大下降到五〇％；失業率最高達到二三．一％。

為保護國內市場，各國競相開徵新關稅，並實行進口配額等非關稅壁壘。一九二一年，美國政府通過《緊急關稅法》，提高了農產品的稅率；緊接著在一九二二年，美國又通過《關稅法》，不僅對農產品進行大規模的保護，而且對新興工業，尤其是在戰時出現的「幼稚工

[12]【英聯邦】由五十四個主權國家（含屬地）組成，成員大多為前大英帝國的殖民地或附屬國。英聯邦的前身是英帝國，由英國及其自治領地和其他已獨立的前殖民地、附屬國組成。第一次世界大戰後，英國懾於日益高漲的殖民地民族解放運動，調整同原英帝國其他成員之間的關係。一九二六年，「英帝國會議」的帝國內部關係委員會提出，英國和已經由殖民地成為自治共和國的加拿大、澳大利亞、紐西蘭和南非是「自由結合的英聯邦成員」，「地位平等，在內政和外交任何方面互不隸屬，唯有依靠對英王的共同效忠精神統一在一起」。
英聯邦不是一個共和國，也沒有中央政府，英王是英聯邦的名義元首。英聯邦不設權力機構，英國和各成員國互派高級專員，代表大使級外交關係。隨著英聯邦內部的聯繫越來越不穩定，如今，英國已不再是英聯邦的主宰，英聯邦也只是一個供各成員國進行政治、經濟磋商與合作的鬆散組織。

業」，給予大力保護。

在國力日漸衰退和全球貿易環境越來越惡化的情況下，最早提出自由貿易主義的英國，已經與自由貿易的精神漸行漸遠。

我們從中不難看出自由貿易與貿易保護之間相互博弈的關係：實力弱小時就必須國家來保護經濟，一旦經濟強大了就必須實施自由貿易；而別的國家崛起，自己國家相對衰弱的時候，又會再次尋求貿易保護，基本上就是這樣一種軌跡。

全球經濟大蕭條

一九二九年十月二十一日，美國人為愛迪生舉行盛大的「生日慶典」，但愛迪生的生日其實不是這一天。這一天是愛迪生發明電燈的五十週年紀念日。

美國人在為愛迪生的「生日慶典」高興之餘，也不免有一些擔心。因為據說在致答謝辭的時候，這位老人家過分激動而引發心臟病，突然昏厥，被送進醫院。

雖然這並沒有對人們的好心情造成太大的影響，但是在今天看來，這更像一個徵兆，隨著電器時代開啟者的倒下，一個無限風光和輝煌的時代即將結束。

就在三天之後，也就是十月二十四日，紐約證券交易所忽然有人賣掉了手中被高估的股票。驚惶和瘋狂的拋售如同倒下的多米諾骨牌（Domino）一樣一發不可收拾，紐約證券市場突發式地崩盤，股票交易量達到了一千二百八十九萬股，股票價格下降之快，連場內的自動行情收錄機都趕不及記錄！這一天，有十一名證券市場投機的老手相繼自殺。

1929年，華爾街股市形勢急轉直下，到1932年股價縮水近90%。

這就是歷史上令人聞之色變的「經濟大蕭條」。

對此，美國哥倫比亞大學商學院教授約瑟夫．史迪格里茲表示：「**股市的崩潰，意味著人們對於投資失去信心，人們的財富瞬間消失，所以，投資和消費都開始下降。**」

因此，擺在美國政府面前最重要的事情就是如何搶救股市，如何重新樹立美國人的信心。

當天下午，摩根財團⑫聯合其他銀行業巨頭，拿出二．四億美元聯合基金護盤，以高於市場的價格購買股票。在此之後的幾天裡，股票行情逐漸穩定，美國財政部和一些經濟專家、銀行家以及各大媒體紛紛向公眾保證：股票價格不會持

紐約證券交易所。在1929年的股市大跌中，紐約證券交易所股票價格下降了40%以上，證券持有人的損失高達300億美元，相當於美國在第一次世界大戰中的總開支。

續下跌，大家應該拿出更多的錢用於投資，這樣對國家經濟是有好處的。一九二九年十月二十五日，胡佛總統也發表文告：「美國的基本企業，也就是商品的生產與分配，是立足於健全和繁榮的基礎之上的。」他力圖以此刺激新一輪的投資狂潮。

但就在胡佛發表文告的第三天，也就是**十月二十八日，美國股市再次慘跌**。

一九二九年十月二十九日，星期二，美國股市再度出現大幅度崩盤。據說，這一天股市自動報價機源源不斷地打出所有交易的報價紙帶，紙帶長達一萬五千英里，直到打烊後四小時才列印結束。這一切都意味著股市已經沒有挽救的可能。在此之後的一週內，美國人在證券交易所內失去的財富高達一百億美元！

此後的美國股市持續下跌，瘋狂的情勢直到同年十一月中旬才勉強穩住，這輪空前絕後的「熊市」讓美國股市耗盡了氣數。據統計，在這次股市大跌中，紐約證券交易所股票價格下降了四〇%以上，證券持有人的損失高達三百億美元，相當於美國在第一次世界大戰中的總開支，成千上萬美國人辛勞一生的血汗錢化為烏有。而到了一九三二年，全美證券貶值總計八百四十億美元，比當年美國的國內生產毛額還要高！一場席捲整個資本主義世界的經濟大蕭條就此爆發。

這場看似在美國本土發生的金融危機，實際上和歐洲各國，特別是與英國、法國有很密切

⑬【摩根財團】美國十大財團之一，在十九世紀末二十世紀初形成，是統治美國經濟的壟斷資本財團。創始人J. P.摩根在父親J. S.摩根資財的基礎上，於一八七一年與人合夥創辦德雷克塞爾－摩根公司，從事投資與信貸等銀行業務。一八九四年合夥人逝世，公司由摩根獨資經營，一八九五年改名為J. P.摩根公司，並以該公司為大本營，向金融事業和經濟各部門（諸如鋼鐵、鐵路以及公用事業等）擴張，開始形成壟斷財團。摩根財團在金融業方面擁有雄厚的基礎，其主要支柱是J. P.摩根公司。摩根公司是世界上最大的跨國銀行之一，在美國有十個子公司和許多分支行，還有一千多個通信銀行；在國外約二十個大城市設有支行或代表處，在近四十個國家的金融機構中擁有股權。它的經營特點是大量買賣股票和經營巨額信託資產。它控制著外國三十七個商業銀行、開發銀行、投資公司和其他企業的股權，此外，還有製造商漢諾威公司、紐約銀行家信託公司以及西北銀行公司、謹慎人壽保險公司以及紐約人壽保障公司等；在工礦企業方面主要有國際商業機器公司、通用電氣公司、國際電話電報公司、美國鋼鐵公司以及通用汽車公司等；在公用事業方面則有美國電話電報公司和南方公司。

的關係，所以危機很快地傳到法國，傳到英國，甚至傳到日本，很快就形成了波及全球主要國家的一場世界性的經濟危機。

面對危機，英國手足無措

危機就像一顆重磅炸彈一樣，把美國人震懵了，也把世界震懵了，快速發展的經濟快車戛然而止，整個世界陷入恐慌與無助之中。這次危機無比慘重，以至於大西洋兩岸的人們不約而同用「恐懼」這個詞來形容。

經濟危機在一九三〇年初蔓延到英國，使本來就處於慢性蕭條的英國經濟雪上加霜。危機期間，英國投資銳減，生產大幅度下降，失業人數攀升，對外貿易進一步萎縮，不僅有形貿易出口收入下降了三分之一，過去抵充貿易赤字的無形貿易收入也急劇減少，並在一九三一年第一次出現國際收支逆差。英國政府在危機當頭顯得有些手足無措。

為了應付因經濟蕭條引發的嚴重農業危機，英國政府大力協調農業，設法增加農民收入，減少英國對海外糧食的依賴。要刺激國內農業生產，必然要限制農產品進口。為保護國內工農業生產和國內市場，英國徹底放棄了從十九世紀三、四〇年代就開始奉行的自由貿易政策，實行關稅保護政策。一九三二年二月，英國議會通過《進口稅法》，規定除小麥、肉類和英國不生產或短缺的原始材料外，對一切進口商品徵一〇%的關稅，而針對那些對英國商品採取歧視性措施的國家的商品，徵收一〇〇%的關稅。至此，持續了一百年的自由貿易在英國正式宣告結束。

此外，由於受到國際金融危機風波的影響，出現了外國人紛紛到倫敦銀行擠兌黃金的現象。到一九三一年，英國的黃金儲備告罄，英鎊地位的穩定性也因此受到劇烈衝擊。一九三一年九月二十日，英國正式宣布廢除英鎊金本位，並將英鎊貶值三〇％，以改善英國商品在世界市場的競爭力，這是英國克服經濟危機的主要措施之一。

中國社會科學院美國研究所經濟研究室副主任王榮軍對此表示：「這實際上意味著英國沒有能力，或者說英國的能力已經不足以解決這樣一場事件，不足以對付這場危機，這實際上是一種象徵。」

當英鎊貶值不可避免地發生時，許多外國央行損失慘重，並被斥責為對外匯儲備處置不當，有多家央行負責人被解除職務。當時擔任荷蘭央行行長的傑拉德·威瑟林引咎辭職，英鎊崩潰給荷蘭外匯儲備帶來的毀滅性打擊，最終導致他謝罪自殺。

福建師範大學社會歷史學院教授、博士生導師王曉德，對英鎊貶值這一做法有更為獨到的見解：「**英鎊貶值，實際上就是要促進出口。以提高關稅、英鎊貶值等方法來促進出口，這造成了美元貶值，因為美國也想促進出口。進而引發各國之間的貨幣戰爭。**」

6 美國讓自由貿易大旗再度飄揚

由於大蕭條時代的全球性金融危機，以及之後發生的第二次世界大戰，英國的實力日亦衰退，而美國卻大發「戰爭財」，替代英國成為世界經濟新霸主。隨著國力的日漸強盛，自由貿易的大旗轉到了美國手裡。

臭名昭彰的提高關稅法案

金融危機全面爆發後，美國陷入前所未有的困境。在二十世紀二〇年代，美國鋼鐵公司平均每年售出六百部機車，可是在一九三二年一整年只賣出了一部。美國國民經濟的每個部門都承受了相應的損失。三年中，有五千家銀行倒閉，通用汽車公司的汽車產量縮減大半，鋼鐵工業僅以一二%的生產能力運轉。到一九三三年，美國的工業總產量和國民收入暴跌了將近一半，商品批發價格下跌三分之一，商品貿易額下降三分之二以上……

企業的不景氣導致美國失業人口劇增，到一九三二年初，美國失業人數已超過一千五百萬，大約佔當時全美人口的一五%。一九三二年九月出版的《財富》雜誌估計，不包括一千一百萬戶農村人口在內，全美有三千四百萬成年男女和兒童沒有任何收入。對於經歷過那個時代的美國人來說，這是一個排隊領救濟麵包、尋找施粥所、退役軍人在街角賣蘋果的年代。

美國芝加哥大學經濟學教授羅伯特．福格爾回憶說：「我們經歷了一場可怕的大蕭條，它帶來了極大的焦慮，很多人的親戚朋友都因此失業，（那時）很多人還不習慣依靠政府的協助。」華東師範大學歷史系特聘教授、博士生導師戴超武，講述了一個充滿黑色幽默的真實故事：**「因為這一次危機，失業人數非常眾多，以至於每當有人入住像酒店這樣的高層建築，酒店的服務人員就會問他：你是來睡覺，還是來跳樓？」**

胡佛總統敦促國會儘快拿出應對危機的策略。身為眾議院籌款委員會主席的霍利便積極行動，花了四十三個白天和五個夜晚走訪農場主人和工商業者，搜集了厚達一萬一千頁的證詞，並在此基礎上提出關稅議案。該方案建議增加八百四十五種商品關稅，以保護美國的本土產業。在霍利的大力推動下，這項提案以高票在眾院闖關成功。

法案在眾議院通過後，隨後要在參議院表決，原本極力推動這一法案的霍利，他的初衷是不改變工業品關稅，單純提高農業品。對此，工業州的議員、政客們驚恐不已，唯恐提高關稅的「好處」都讓農業州搶去，於是鼓動州內財團和院外活動人士加緊遊說，希望工業品的關稅也隨之水漲船高。

這時，美國政治史上空前的一幕醜劇上演了。各派人馬大肆「活動」，讓參議員手裡的投票權奇貨可居，他們不僅用此交換政治獻金，還趁機打壓政治對手。科羅拉多州共和黨參議員沃特曼公開聲稱，只要別的州有人膽敢投票干涉科羅拉多州優勢產業加稅，他就予以反擊。威斯康辛州議員拉弗萊特憤憤不平地稱這種行為是「赤裸裸的、無恥的政治交易」。

這場鬧劇的結果是，在參議院金融委員會主席斯穆特的主持下，提案最終在一九三〇年三月付諸表決，並以四十四比四十二的勉強多數通過。這項法案在原本已經大幅度提高了關稅的一九二二年《關稅法》的基礎上「再接再厲」，前後提高八百九十種商品的關稅，幾乎所有產品的關稅都大幅提升了，一個被認為是愚蠢且可怕的法案——「**斯穆特－霍利法案**」，只待總統批准便可生效。

其實，即使斯穆特本人也不相信農產品加稅就能挽救農業的鬼話，他後來在回憶錄中坦承，當時，是政客的操弄導致他成為這個法案的推手。

美國畢竟是個經濟發達的國家，如此違背基本常識的法案一經披露，就引起有識人士的反對。在弗蘭克．費特爾的主持下，一千零二十八名經濟學家，包括大名鼎鼎的歐文．費希爾、保羅．道格拉斯等，聯名上書胡佛，呼籲否決「斯穆特－霍利法案」。這些經濟學家來自不同學派，平時分歧甚多，但在這個問題上意見空前統一，認為這個法案不僅是以鄰為壑的不公平競爭，而且必將作繭自縛。正如費希爾所說，當時美國是世界第一大債權國，自由貿易對美國最為有利，「如果外國因為美國的關稅壁壘而賣不出東西，怎麼可能有錢還美國的債？」不僅僅是學者，許多有見識的企業家也加入反對者行列。汽車業大亨亨利．福特將這項法案稱為「胡鬧經濟」，他花了一個晚上留在白宮，苦口婆心地勸說胡佛否決這項法案；而另一位企業家甚至「差不多跪下來哀求」。

正如經濟學家們所預測的那樣，有三十四個國家向美國提出正式的抗議，因為這項法案是美國有史以來關稅制定額度最高的一次。

斯穆特本人也不相信農產品加稅就能挽救農業的鬼話，他後來在回憶錄中坦承，當時，是政客的操弄導致他成為「斯穆特－霍利法案」的推手。

然而，被經濟危機弄得暈頭轉向的胡佛不顧反對意見，在一九三〇年六月一意孤行地簽署了「斯穆特－霍利法案」。該法律修訂了一千一百二十五種商品的進口稅率，其中增加稅率的商品有八百九十種，有五十種商品由過去的免稅改為徵稅。總體來看，農作物原料的平均稅率由三八．一%提高到四八．九二%，其他商品的稅率由三一．〇二%提高到三四．三%，根據一九三二年進口的情況來看，實際上，稅物品的平均稅率達到五三．二%。

本來，當時國際上曾提出一項「關稅停戰協議」，主張各國停止關稅壁壘戰，以保護國際貿易。可是美國這種擺明以鄰為壑的做法一啟動，全球為之震驚，原本可能達成的全球關稅妥協化為泡影，一場關稅大戰一觸即發。各國政府最初的反應是抗議，到了一九三〇年九月，多達二十三國的抗議信已雪片般飛進白宮，而美國政府對這些抗議嗤之以鼻，甚至不為所動。

乍見美國擺出滿不在乎的姿態，各國開始以牙還牙。出乎美國人意料的是，打響報復第一槍的竟是素來恭順的夥伴——鄰國加拿大。其實加拿大這一槍打得非常早，早在胡佛簽署法案前一個月，他們已經先開火了。

一九三〇年五月，加拿大通過法案，將美國輸入加拿大的十六大類產品關稅提高三〇%，這項舉動不痛不癢，加拿大政府一面層層加碼，一面乞求英聯邦保持步調一致。英國和英聯邦國家早就憋了一肚子氣，要知道，英國以貿易立國，豎起關稅壁壘無異於斷了英國的生路，因此，它不僅積極回應加拿大的求助，動員整個英聯邦跟美國打關稅戰，還把法國拖下水。與此同時，被經濟危機弄得社會動盪不安的德國，也加入報復的行列，關稅報復措施最終導致德國進口總值下跌六一%，這甚至比他們糟糕的GDP表現還糟（同期下跌了五〇%）。

據華東師範大學歷史系特聘教授、博士生導師戴超武表示：「歐洲國家，甚至包括日本，都很快樹立關稅壁壘，並且一般都是向美國看齊，將進口商品加收超過五〇%的關稅。」

這樣一來，原先指望通過擴大貿易來恢復全球經濟的幻想，在各國嚴格的外貿管制下破滅了，世界經濟狀況進一步惡化。據美國政府統計，一九三二年美國從歐洲進口總值僅為三．九億美元，而一九二九年為一三．三四億美元；同期，美國向歐洲出口總值為七．八四億美元，而一九二九年高達二三．四一億美元。美國可以說是搬起石頭砸自己的腳。

更要命的是，此例一開，不僅觸發了美國為一方、其他國家為另一方的貿易壁壘戰，而且掀起一場各國競相效尤美國的混戰，國際貿易幾經癱瘓。據統計，世界進口總額在一九二八年時已達到六〇一億美元，但到一九三八年巨幅下滑到了二四六億美元；全球貿易總量縮水達六〇%以上。

羅斯福新政，美國走出危機

在大蕭條帶來的創傷還未平復的時候，富蘭克林．羅斯福的笑容和自信喚起了人們對生活的希望。但是，一九三三年二月十五日，還沒有正式就職的羅斯福乘敞篷車行進在邁阿密的大街上。突然，一個人一邊大喊：「很多人快餓死了！」一邊朝羅斯福的汽車開槍。雖然羅斯福最終安然無恙，但是他明白，民眾用子彈向即將就任的總統傾訴飢餓，這意味著什麼？

不得不承認，羅斯福就任美國總統，面臨的是絕對的困境和爛攤子：八萬六千家企業破產、五千五百家銀行倒閉、失業人數高達一千七百萬，國民生產毛額，由危機爆發時的一千零四十四億美元，驟降至一九三三年的七百四十二億美元，整體經濟水準倒退回一九一三年。局勢是如此嚴峻，以至於有人警告羅斯福說：「如果改革成功，你就是美國最偉大的總統；如果改革失敗了，你就將成為美國最糟糕的總統。」對此，羅斯福回答：「如果我成功，我將成為美國最偉大的總統。如果我失敗了，我將成為美國最後一位總統！」

如何生存？美國以及世界的出路在哪裡？這是羅斯福和全世界面臨的挑戰。

一九三三年三月四日，羅斯福就任美國第三十二屆總統，有近十萬人冒著嚴寒來聆聽他的演講，更有千百萬美國人民，從收音機中聽到了一個陌生而富有激情的聲音：「我們這個偉大的國家將會一如既往地堅持下去……**我們唯一恐懼的是恐懼本身**，一種無名的、喪失理智的、毫無根據的恐懼心理，它能把我們搞癱瘓，什麼事業也辦不成，使我們無法由退卻轉為進攻。」

經濟大蕭條帶來的創傷還未平復時，富蘭克林．羅斯福的笑容和自信喚起了人們對生活的希望。

羅斯福的一席話獲得廣大民眾的感動與支持，美國人民再一次被激情所感染。富蘭克林．羅斯福總統圖書博物館的歷史學家鮑勃．克拉克解讀他的話時說：「**羅斯福告訴美國人民要拋棄恐懼，齊心協力協助國家走出大蕭條。**」但此時的新總統，卻在激情之後陷入沉思。

隨後，羅斯福針對當時的實際情況，順應廣大人民群眾的意志，大刀闊斧地推行一系列克服經濟危機的政策與措施，歷史上稱為「**羅斯福新政**」。它的核心內容可以用「三R」來概括，也就是**復興**（Recover）、**救濟**（Relief）與**改革**（Reform）。

在金融方面，羅斯福宣布全國銀行一律休假三天，促使美國政府越過美國聯邦準備會，從幕後走向前臺，直接干預處於困境中的金融業。銀行休假後的一個星期之內，約一萬三千五百家銀行恢復營業，紐約股票交易所股票價格猛漲一五%，金融恐慌被制止了。之後，國會通過《緊急銀行法》，根據這一法令，羅斯福獲得管制信貸、通貨、黃金、白銀和外匯交易的緊急權力。在羅斯福的倡議下，國會陸續通過《證券真實法案》、《住宅貸款法案》、《一九三三年銀行法》。根據這些法案，聯邦存款保險公司存款保險系統得以建立；而美國的金融業也從混業經營時代進入嚴格的存款、證券和保險分業經營的時代。

在農業政策方面，為了保護農民利益，也為了保住國家的經濟命脈，羅斯福從減少生產、提高農產品價格著手提振農業。對因此而減少耕種或養殖的農民，政府給予補貼。

在工業方面，為了刺激生產，羅斯福修改《禁酒令》[14]，放棄《反壟斷法》[15]，對工會作出讓步以獲取支持。促使工業增長的目的是為了帶動就業，提升收入，增強購買力，最終讓經濟

---

[14]【《禁酒令》】一九二〇年一月十七日零時開始，美國憲法第十八號修正案《禁酒法案》（又稱《伏爾斯泰得法案》）正式生效。根據這項法律，凡是製造、販賣乃至運輸酒精含量超過〇·五%以上的飲料皆屬違法。自己在家裡喝酒不算犯法，但與朋友共飲或舉行酒宴則屬違法，最高可被罰款一千美元及監禁半年。二十一歲以上的人才能買酒，並須出示年齡證明，而且只能到限定的地方購買。

美國實施《禁酒令》帶來嚴重的社會問題，《禁酒令》根本無法消除人們喝酒的欲望和需求，在正規市場被禁的同時，地下黑市卻因此飛速發展。非法製造和買賣酒類製品帶來的巨額獲利大大刺激酒販的潛力：有人把福特汽車的中間掏空，有人用嬰兒車來偷運葡萄酒和白蘭地，有人在家裡藏酒的地方安裝假門。更嚴重的是，在《禁酒令》實施之前，因為沒有財政依據，美國的黑社會波瀾不興；實施《禁酒令》之後，依靠私酒貿易帶來的暴利，使美國的黑社會開始發展壯大。與此同時，員警也日益腐敗，犯罪率不斷攀升。

[15]【《反壟斷法》】一八六五年美國南北戰爭結束後，隨著全美國鐵路網的建立和擴大，原來地方性和區域性的市場迅速融為全國統一的大市場。大市場的建立一方面推動了美國經濟的迅速發展，另一方面也推動了壟斷組織即托拉斯的產生和發展。一八七九年美孚石油公司即美國石油業第一個托拉斯建立，代表美國歷史上第一次企業兼併浪潮的開始，托拉斯在美國成為不受控制的經濟勢力。過度的經濟集中，不僅使社會中下層人士飽受壟斷組織濫用市場勢力之苦，也使市場普遍失去了活力。在這種背景下，（續下頁）

走出衰退的泥淖。

此外，羅斯福領導的美國政府還興辦公共工程，以工代賑，增加就業。並通過《聯邦緊急救助法》，設立聯邦緊急救助署，以幫助失業者。一九三四年八月十四日《社會保險法》生效，代表建立起現代社會保障體系：提供六十五歲以上的公民退休金，提供貧困老人生活補貼，並向殘疾人、鰥寡遺孤和失業者提供保險和撫恤金。這些資金一半由聯邦政府支付，另一半來自雇主和工人各支付的一%的工資總額。為增加就業，一九三四年四月國會立法規定每週工作時間為三十六小時。一九三八年通過的《公平勞動標準法令》，更明確規定每小時二十五美分的最低工資標準及工資增長的時間表。

在稅收政策方面，《稅收法案》於一九三五年通過，提高高收入者的稅率，且大大降低低收入者的稅率，多徵收的稅收則被用於償還國債。

面對國際貿易幾乎陷入癱瘓的情況，羅斯福更在如何重振貿易這個問題上費盡心思。他在還未就任總統的時候，就開始籌畫這些了。福建師範大學社會歷史學院教授、博士生導師王曉德表示：「羅斯福在一九三三年發表就職演說的時候，就說他將竭盡全力來恢復國際貿易的正常發展。」

這個時候，很多美國人也開始呼籲各國拆除關稅壁壘，實行自由貿易，當時的美國國務卿赫爾就是其中的代表人物。他主張通過自由、互惠的自由貿易，來增加美國的商品輸出；同時通過減免關稅和逐漸消除關稅，來消除各國之間戰爭的根源。一九三三年五月初，赫爾率領了一支陣容強大的美國代表團出席倫敦經濟會議，他非常希望能在這次會議上與各貿易大國就互惠貿易達成共識，為此，他還隨身攜帶互惠貿易協定副本。他也希望羅斯福能夠敦促國會，授權總統在一定期限內有權力與這些貿易大國進行談判，相互降低關稅。但當時羅斯福考慮到來自國內的壓力，沒有答應，赫爾的計畫最終泡湯。赫爾對這件事情感到非常氣憤，差點以辭職抗爭。

開創了如史詩般新政的羅斯福，為什麼在這個問題上沒有作出更多的努力呢？王曉德表示：「因為在二十世紀三〇年代，國會內孤立派的實力非常強大，羅斯福在很多問題上，也不得不對孤立派禮讓三分。」

實際上，羅斯福是自由貿易的忠實追隨者，主張互惠貿易，他只是在等待更好的時機。在赫爾和羅斯福的推動下，**一九三四年，美國國會終於通過《互惠貿易法》**，授權總統在三年之內與其他國家進行互惠貿易談判。經過談判，美國與許多國家達成了互惠貿易協定。

達成互惠貿易協定，對美國恢復國際關係、恢復貿易很大的正面意義，也對羅斯福採取的擺脫經濟危機的策略，產生促進的作用。

美國在十九世紀八〇年代爆發了抵制托拉斯的大規模群眾運動，這種反壟斷思潮導致一八九〇年《謝爾曼法》的誕生。《謝爾曼法》是世界上最早的反壟斷法，也被稱為世界各國「反壟斷法之母」。美國最高法院在某個判決中指出《謝爾曼法》的意義，即「《謝爾曼法》依據的前提是，自由競爭將產生最經濟的資源配置、最低的價格、最高的品質和最大的物質進步，同時創造一個有助於維護民主的政治和社會制度的環境。」

希特勒獨裁，重建德國秩序

在這場經濟危機中，德國首當其衝地受到衝擊，工業生產直線下降，到一九三二年八月落到最低點，工業生產指數[16]降低了四〇．六％，失業人數高達六百萬，佔工人總數的三分之一以上。

面對大蕭條，在如何解決經濟大危機這個問題上，西方國家出現兩條截然不同的道路：羅斯福政府通過新政使美國成功地走出困境；但在德國，包括日本，應對危機的方法卻是納粹的崛起，採取了軍國主義[17]方式，試圖透過戰爭這種方法來解決危機。

一九三四年八月，希特勒在德國繼任總統，並將總統和總理的職務合二為一，稱為元首，建立法西斯獨裁政權。

希特勒上臺後迅速重建了德國的秩序，他採取的經濟措施，使德國走出第一次世界大戰和大蕭條的陰影，也因此獲得一般民眾的支持。希特勒承諾「讓德國每一戶人家的餐桌上有牛奶與麵包」，他的承諾在第三帝國初期，也就是一九三三年到一九三八年，就實現了。一九三七年底與一九三二年相比，德國國民收入增加了六三％，這讓更多的人開始擁護希特勒。

國內政權鞏固之後，希特勒渴望在歐洲建立納粹霸權。為達到目的，他在一九三九年入侵波蘭，爆發第二次世界大戰。

與第一次大戰類似，美國再次成為戰爭的最大受益者。美國在世界上的經濟地位再度提高。戰後初期，美國擁有世界工業產量的五三．四％，出口貿易額的三二．四％，黃金儲備的

七四．五％。

而在一次大戰中基本沒有受到戰爭侵襲的英國本土，卻在第二次世界大戰中，受到德國空軍的密集轟炸，英國的重要城市幾乎變成一片瓦礫。包括德國、法國、義大利在內的歐洲各國也是遍地狼藉。在戰爭中，英軍死亡約三十萬人，大約五〇％的英國商船被摧毀，英國出售了四十五億英鎊海外資產，喪失了許多海外市場。戰爭結束時，英國的黃金、美元儲備和海外資產已經接近零，並欠下巨額外債，僅欠美國的賬款就高達二百一十多億美元。英國多年積攢起來的豐厚國本，在第二次世界大戰結束時已經耗費殆盡。

這時候，再也沒有任何國家可以和美國抗衡，美國也順理成章地開始考慮制定國際政治經濟新秩序。杜魯門曾在一次講演中，趾高氣揚地宣稱：「我們是經濟世界的巨人，不管喜歡與否，未來的國際經濟格局將取決於我們。」

---

⑯【工業生產指數】用加權算術平均數編制的工業產品實物量指數；以代表產品的生產量為基礎，用報告期除以基期取得產品產量的個體指數，再以工業增加值計算權數來加權計算總指數。因此，在工業生產指數的計算中，產品增加值的計算是權數計算的關鍵。工業生產指數是相對指標，衡量製造業、礦業與公共事業的實質產出，衡量的基礎是數量，而非金額。該指數反映的是某一時期工業經濟的狀況和發展趨勢。

⑰【軍國主義】崇尚武力和軍事擴張，將窮兵黷武和侵略擴張作為立國的根本，把國家完全置於軍事控制之下，使政治、經濟、文教等國民生活的各方面，均服務於擴軍備戰和對外戰爭的思想和政治制度。二次世界大戰前夕的德國和日本都是軍國主義國家的典型。法西斯主義就是在這些國家全面危機時期軍國主義的極端表現。

其實在戰爭的前景可預見的時候，盟國的主要元首，就已經開始著眼於規畫戰後的國際經濟秩序。一九四一年八月，在大西洋北部港口的一艘軍艦上，美國總統羅斯福與英國首相邱吉爾舉行了一次歷史性的會晤，會後雙方發表聯合宣言，這就是著名的《大西洋憲章》[17]。憲章全文共八條，其中第四條宣布：努力促使所有國家，不分大小，戰勝者或戰敗者，都有機會在同等條件下，為了實現它們經濟的繁榮，參加世界貿易和獲得世界的原料。一九三二年英國放棄自由貿易之後，自由貿易的大旗再一次被高高舉起。

美國投入自由貿易政策的懷抱

一九四四年六月六日，二次大戰中的盟軍對納粹德國展開了代號為「霸王」的諾曼地戰役[18]。

就在歐洲戰場硝煙瀰漫的時候，在美國的倡議下，來自美、英、法、蘇、中等四十四個國家的特使和代表，齊聚在美國新罕布什爾州的布雷頓森林。他們要為戰後的全球經濟重建繪製藍圖，一起商討戰後國際經濟運行的問題，研究建立以**外匯自由化**、**資本自由化和貿易自由化**為主要內容的**多邊經濟制度**，使它們共同成為**支撐世界經濟的「貨幣－金融－貿易」的三大支柱**。

在這次會議上，最具代表性的兩人，一位是英國著名的經濟學家凱恩斯，另一個是美國財政部的經濟學家哈里．懷特。英國提出「**凱恩斯計畫**」代表戰前傳統強國的利益，而美國提出的「**懷特計畫**」則代表美國規畫世界的意圖，兩者在「布雷頓森林會議」上展開了激烈的交鋒。

1941年8月，在大西洋北部港口的一艘軍艦上，美國總統羅斯福與英國首相邱吉爾舉行了一次歷史性的會晤，會後雙方發表聯合宣言，這就是著名的《大西洋憲章》。

⑱【《大西洋憲章》】一九四一年美國總統羅斯福與英國首相邱吉爾簽署聯合宣言，全名為《美國總統和英國首相的聯合宣言》。蘇、德戰爭爆發後，第二次世界大戰範圍擴大，美、英迫切必須協調反法西斯的戰略。兩國元首於一九四一年八月在大西洋北部紐芬蘭阿金夏海灣的奧古斯塔號軍艦上舉行大西洋會議。一九四一年八月十三日簽署《大西洋憲章》，八月十四日發表了《大西洋憲章》。該檔全文共八條，宣布兩國不追求領土或其他方面的擴張，不承認法西斯通過侵略造成的領土變更，尊重各國人民選擇其政府形式的權利，恢復被暴力剝奪的各國人民的主權，各國在貿易和原料方面享受平等待遇，促成一切國家在經濟方面最全面的合作，摧毀納粹暴政後重建和平，公海航行自由，各國必須放棄武力削減軍備，解除侵略國家的武裝。《大西洋憲章》提出對法西斯國家作戰的目的和重建戰後和平的目標，體現了資產階級民主政治的一般原則，對於國際反法西斯統一戰線的形成和打敗德、日侵略者產生積極推進作用。同時，「機會均等」、「海上自由」等內容有利於美國戰後與英國爭奪勢力範圍，取得世界的「領導地位」。

盟軍總司令艾森豪與參加諾曼地登陸戰役的空降兵交談。

但是，會議當天的局面完全被美國控制，在美國政府的主導下，與會的四十四個國家中，除了英國之外全部選擇「懷特計畫」。這次會議最終**確定由美元取代英鎊成為國際貨幣體系的核心**，美元和黃金掛鉤，一盎司黃金等於三十五美元，其他的貨幣再與美元形成固定的匯率[20]，這就是著名的「**布雷頓森林體系**」。

華東師範大學歷史系特聘教授、博士生導師戴超武評論時說：「布雷頓森林體系，最重要的影響是：完成了一次世界經濟霸權的交替，也就是說，從英鎊的霸權轉到美元的霸權。」那麼，參加會議的國家除了英國外，為什麼都選擇美元作為國際貿易結算的主要貨幣？其實原因也十分簡單。因為在當時，美國的國力非常強大，而且美元已經在貿易環節中佔有重要的地位。

在這次會議中，通過了涉及金融領域的《國際貨幣基金組織協定》，也通過了涉及投資領域的《建立世界銀行協定》，但涉及貿易領域的《國際貿易組織憲章》卻胎死腹中。

這份被稱為「哈瓦那憲章」的國際貿易組織檔被美國國會否決，原因是許多國會議員擔心如果美國此時開放國內市場，其他地區的廉價商品就會大量湧進美國，從而損害美國的經濟利益。

同樣有人認為，二次大戰的起因之一，就是戰前大國之間的關稅戰和貿易戰，所以他們認為應該在戰後建立一個自由的多邊貿易體系。因此，自由貿易主義者並沒有放棄努力，他們想出一個繞開議會的辦法。一九四七年，各國政府根據「哈瓦那憲章」的精神制訂出一份臨時性文件，這是一種低等級政府機關之間的行政協定，不需議會批審，只要各國代表簽字即可生效。這個臨時性文件就是《關稅與貿易總協定臨時適用議定書》，同時成立了一個全球性的貿易組織——關稅及貿易總協定[21]，也就是世界貿易組織[22]的前身。

---

[19]【諾曼地戰役】二十世紀最大的登陸戰役，也是戰爭史上最有影響的登陸戰役之一。二次大戰中，盟軍先後調集了三十六個師，總兵力達二百八十八萬人，其中陸軍有一百五十三萬人，相當於二十世紀末美國的全部軍隊。從一九四四年六月六日至七月初，美國、英國、加拿大的百萬軍隊，十七萬車輛，六十萬噸各類補給品，成功地渡過了英吉利海峽。到一九四四年七月二十四日，戰爭雙方約有二十四萬人被殲滅，其中盟軍傷亡十二萬二千人，德軍傷亡和被俘十一萬四千人。

[20]【匯率】又稱「外匯行市或匯價」，是國際貿易中最重要的調節桿杆。一國貨幣兌換另一國貨幣的比率，是以一種貨幣表示另一種貨幣的價格。由於世界各國貨幣的名稱不同、幣值不一，所以，一國貨幣對其他國家的貨幣要規定一個兌換率，也就是匯率。

關貿總協定明確規定，不管哪個國家都不能再隨意提高關稅，或者採取一些非關稅壁壘[23]的協定，如果要強行實施，就有可能遭到其他國家的經濟制裁。它的宗旨就是要達成互惠互利的協定，以求大幅度削減關稅和其他貿易壁壘，消除國際貿易中的歧視待遇，推行貿易自由化。自此，各個國家都有了需要在國際上共同遵守的規則，要想獲得別人的產品，就必須讓人家也得到你的。也就是說要獲得別國的市場，就必須要讓出本國的市場，這樣就形成了一種雙贏的局面。

這是人類歷史上第一個多邊貿易體制的條約檔，它創造性地建立了一套和平解決貿易爭端的機制，大大降低因貿易摩擦而引發戰爭的可能性。儘管它的名稱中有「臨時」的字樣，但是沿用了四十七年，直到一九九五年世界貿易組織建立。在這四十七年裡，全球關稅大幅度降低，平均關稅率從四〇%下降至四%以下，吸納上百個締約方，舉行八輪多邊貿易談判，處理百餘起貿易爭端，發展貨物貿易規則，並成功地將服務貿易和與貿易有關的知識產權納入其法律制度框架內，全球貿易管道的暢通導致貿易額十倍速地快速增長，加深各國經濟的相互依賴，並推動全球經濟一體化。今天當我們享受自由貿易和經濟全球化所帶來的豐碩成果時，不得不感歎當年關貿易總協定的設計者堅持自由貿易的遠見卓識。

對於剛剛結束二次大戰的美國來說，此時急於釋放戰爭期間積累的巨大產能，所以不遺餘力地向世界各國推銷自由貿易主義，希望全球各個市場的大門都能向自己敞開。也就是從這個時候開始，美國才真正徹底從貿易保護投向自由貿易的懷抱。這時距離英國古典經濟學的創立者亞當·斯密在《國富論》中支持自由貿易，已經過去了整整一百六十八年。

㉑【關稅及貿易總協定】政府間締結的有關關稅和貿易規則的多邊國際協定，簡稱關貿總協定（GATT）。一九四七年十月三十日在日內瓦簽訂，翌年元旦開始臨時使用。當注意的是，由於未能達到GATT規定的生效條件，因此GATT從未正式生效，而是一直通過《臨時適用議定書》的形式產生臨時適用的效力。協定的宗旨是為了提高締約國人民的生活水準，保證充分就業、實際收入和有效需求的增長，擴大世界資源的利用。主要內容有：適用最惠國待遇。締約國之間對於進出口貨物及有關的關稅和規費徵收方法、規章制度、銷售和運輸等方面，一律適用無條件最惠國待遇原則。但關稅同盟、自由貿易區以及對開發中國家的優惠安排都作為最惠國待遇的例外。關稅減讓。締約國之間通過談判，在互惠基礎上互減關稅，並對減讓結果進行約束，以保障締約國的出口商品適用穩定的稅率。取消進口數量限制。總協定規定，原則上應取消進口數量限制，但由於國際收支出現困難的，屬於例外。保護和緊急措施。對因意外情況或因某一產品輸入數量劇增，對該國相同產品或與它直接競爭的生產者造成重大損害或重大威脅時，該締約國可在防止或糾正這種損害所必需的程度和時間內，暫停所承擔的義務，或撤銷、修改所作的減讓。

㉒【世界貿易組織】一九九四年四月十五日在摩洛哥的馬拉喀什市舉行的關貿總協定烏拉圭回合部長會議，決定成立更具全球性的世界貿易組織（WTO），以取代一九四七年成立的關貿總協定（GATT）。世貿組織是一個獨立於聯合國的永久性國際組織。一九九五年元旦正式運作，負責管理世界經濟和貿易秩序，總部設在瑞士日內瓦。一九九六年一月一日，它正式取代關貿總協定臨時機構。世貿組織是具有法人地位的國際組織，在調解成員爭端方面具有更高的權威性。與關貿總協定相比，世貿組織涵蓋貨物貿易、服務貿易以及知識產權貿易，而關貿總協定只適用於商品貨物貿易。世貿組織與國際貨幣基金組織（IMF）、世界銀行（WB）一起被稱為世界經濟發展的三大支柱。世界貿易組織的基本原則是非歧視貿易原則，包括最惠國待遇、透明度和國民待遇條款；可預見的和不斷擴大的市場准入程度，主要是對關稅的規定；促進公平競爭，致力於建立開放、公平、無扭曲競爭的「自由貿易」環境和規則；鼓勵發展與經濟改革。

本篇後記

英國在國力最強盛的時候，開始推行自由貿易政策，為了打開別國的市場，不惜使用武力。但在國力逐漸衰微的同時，也逐漸和自由貿易分道揚鑣，再次堅守貿易保護政策。

而美國在成長初期，為了本國產業的利益，樹立起種種貿易壁壘來進行自我保護。當它取代英國成為世界霸主的時候，也開始向全世界推行自由貿易的。

自由貿易大旗易主的背後，是國家經濟實力的此消彼長，也為我們呈現了在歷史中得到印證的規律。如何利用這種規律為我們的經濟發展制定更為科學的策略，是我們回顧歷史的最大意義。

㉓【非關稅壁壘】又稱非關稅貿易壁壘，是指一國政府採取除關稅以外的各種辦法，來對本國的對外貿易活動進行調節、管理和控制的一切政策與手段，目的是試圖在一定程度上限制進口，以保護國內市場和國內產業的發展。非關稅壁壘可分為直接和間接的兩大類：前者是由海關直接對進口商品的數量、品種加以限制，主要措施有：進口限額制、進口許可證制、「自動」出口限額制、出口許可證制等。

與關稅措施相比，非關稅措施主要有下列三個特點：

首先，非關稅措施比關稅具有更大的靈活性和針對性。關稅的制定，往往要通過一定的立法程序式，要調整或更改稅率，也需一定的法律程序和手續，因此關稅有一定的延續性。而非關稅措施的制定與實施，通常採用行政程序，制定比較迅速，程序也較簡單，能隨時針對某國和某種商品採取或更換相應的限制進口措施，從而較快達到限制進口的目的。

其次，非關稅措施的保護作用比關稅的作用更強大和直接。關稅措施是通過徵收關稅來提高商品成本和價格，進而削弱其競爭能力，因而其保護作用具有間接性。而一些非關稅措施，如進口配額、預先限定進口的數量和金額、超過限額就直接禁止進口，這樣就能快速和直接地達到關稅措施難以達到的目的。

最後，非關稅措施比關稅更具隱蔽性和歧視性。關稅措施，包括稅率的確定和徵收辦法都是透明的，出口商較容易獲得有關資訊。另外，關稅措施的歧視性也較低，它往往要受到雙邊關係和國際多邊貿易協定的制約。但一些非關稅措施則往往透明度差、隱蔽性強，而且有較強的針對性，容易對別的國家實施差別待遇。

| 第三篇 |

自由貿易，誰主沉浮

通過對戰爭的反思，各個國家已經意識到戰爭巨大的破壞力，面對非常的利益，它們也極力避免因此引發軍事戰爭，而是將範圍控制在經濟領域的貨幣戰與貿易戰。但這些不見槍炮的經濟戰役，同樣具有極大的殺傷力，往往在無形中就擊垮一個國家。

前言

讓柯林頓懷念的「冷戰」

一九九三年末，時任美國總統的柯林頓曾脫口而出說：「啊，我想念冷戰。」確實，二次大戰後美蘇兩國長達半個世紀的「冷戰」，刺激美國國力多方面的發展。

早在一九九一年九月蘇聯解體前夕，美國已經發出了對「冷戰」的感慨，他們說：「對於美國這樣具有多樣性的國家，只有藉國外的各種挑戰可以促使它團結。」

「蘇聯曾經是可敬的敵人。美國相信，不僅要和蘇聯的軍事力量競賽，還要和蘇聯的成就競賽。現在看來這彷彿是一種奇思異想，在二十世紀五〇和六〇年代，許多美國人把兩種制度的競賽鎖定為一種顯示優越性的競賽。沒有蘇聯的空間計畫，美國人就不可能登上月球……受到蘇聯挑戰的艾森豪、甘迺迪和詹森政府，找到了保護那些受壓制者的『國家安全』理由。」

由於「冷戰」這種疑似臨戰狀態不斷持續，刺激國防工業，從而「造就了美國尖端技術」。當然「冷戰」絕不僅局限於軍事方面，在經濟上，雙方之間上演了多次的貿易戰爭。

7 冷戰中的貿易對決

二次大戰後，美、蘇兩國成為國際上最具實力的兩個國家，世界也因此被分成了兩極。儘管兩方的對抗沒有演化成軍事戰爭，但是經濟領域的貨幣戰與貿易戰卻不斷上演。

美國對蘇聯發動冷戰

二次大戰後初期，美國的產品大量出口到全球各地，美國的工業產值大約佔資本主義世界的一半以上，它的貿易量佔全球出口貿易量的三分之一，黃金儲備佔全球黃金儲備的四分之三。到一九五〇年，美國人均ＧＤＰ是西德的四倍、日本的十五倍。但在全球貿易中處於絕對優勢的美國，很快就發現另一個大國威脅到了它的地位。橫亙在東歐和中北亞的蘇聯，在二次大戰結束後不斷加強自己在東歐國家的影響力，這也讓西方世界倍感壓力。

一九四六年二月，史達林闡述蘇聯的基本政策，指出現代壟斷資本主義造成的各種力量和衝突，是引發第二次世界大戰的根源，而且這種根源在戰後依然存在，因此，蘇聯必須增強國力，以防不測。

壟斷資本主義也就是帝國主義，是資本主義發展的最高階段。它是在資本主義生產力和生

圖為史達林畫像。1946年2月，史達林闡述了蘇聯的基本政策，指出現代壟斷資本主義造成的各種力量衝突，是引發第二次世界大戰的根源。

產關係的矛盾進一步深化的基礎上，在生產和資本加速集中的過程中，於十九世紀末、二十世紀初形成的。

對此，華東師範大學歷史學系主任崔丕分析說：「蘇聯認為自己的安全，首先是地緣政治的安全。所以，它要求東歐國家逐漸拋棄聯合政府，建立共產黨執政的社會主義政權，這就是蘇聯的安全觀。而美國認為，蘇聯在擴張勢力。」

美國等西方國家立刻意識到，蘇聯與資本主義世界之間不可能有持久的和平。

一九四六年一月，英國首相邱吉爾應邀訪美。同年三月五日，他在美國總統杜魯門陪同下抵達密蘇里州富爾頓，在杜魯門的母校威斯敏斯特學院發表了「和平砥柱」的演說。

邱吉爾在演說中公開攻擊蘇聯的「擴張」，宣稱「不久剛被盟國的勝利所照亮的大地，已經罩上了陰影……從波羅的海的什切青到亞德里亞海邊的里雅斯特，一幅橫貫歐洲大陸的鐵幕已經降落下來，和平鴿無法穿越這道鐵幕，世界被畫分為東方和西方。在遍布世界各地的許多國家，共產黨到處構成對基督教文明日益嚴重的挑釁和威脅。所以，各英語民族同胞必須聯合起來，防禦『鐵幕』後的國家。」並且還指責蘇聯對「鐵幕」以東的中歐、東歐國家，進行日益增強的高壓控制，對蘇聯的擴張，不能採取安撫平定的政策。美國正高踞世界權力的頂峰，應擔負起未來的責任。邱吉爾主張英、美結成同盟，制止蘇聯的「侵略」。

這次演說後不到十天，史達林發表談話，嚴厲譴責邱吉爾和他的朋友，非常像希特勒及他的同伴，邱吉爾的演說是「危險的行動」，是在號召「向蘇聯挑戰」，目的是在盟國之間散布糾紛的種子。

這個時期美國的主要決策人物認為，社會主義國家信奉的意識形態本身具有擴張的張力。所以，他們認為如果不遏止蘇聯的擴張，西方的整體安全就會受到威脅。

一九四七年，在美、英等二十三個國家簽署關貿總協定協商降低關稅的時候，美國總統杜魯門在美國國會兩院聯席會議上發表諮文宣稱：今日世界所有國家都面臨著對兩種不同生活方式的選擇，一種是以大多數人的意志為基礎的「自由制度」，另一種是將少數人的意志強加於大多數人的「極權政體」。美國有領導自由世界和援助其他國家抵制「共產主義威脅」的使命，「不論在什麼地方，不論直接還是間接侵略威脅到和平，都與美國安全有關」。

杜魯門正式提出「對蘇聯發動冷戰，以遏止共產主義」，並且對蘇聯展開經濟封鎖。

世界被分成了兩極

一九四九年四月四日，美國與加拿大、英國、法國、比利時、荷蘭、盧森堡、丹麥、挪威、冰島、葡萄牙、義大利共十二個國家在華盛頓簽訂《北大西洋公約》，這代表北大西洋公約組織❶（簡稱「北約」）正式成立。公約於一九四九年八月二十四日生效。目的是與蘇聯為首的社會主義陣營相抗衡，如果某個成員國一旦受到攻擊，其他成員國可以及時反應，進行聯合反擊。

北大西洋公約組織成立的同一年，中華人民共和國成立。為應對共產主義陣營的擴大，隨後幾年美國又陸續和日本、澳大利亞、紐西蘭、中東以及東南亞的一些國家，簽訂了單邊或多邊條約。

華東師範大學歷史學系主任崔丕表示：「在歐洲的北約，在中東的中東條約組織，再到亞洲的東南亞條約組織，以及澳、紐、美條約組織……等於美國和西方國家，沿著共產黨（執政）國家地理上的外延線，建立起軍事防線。這是美國所謂要對付共產黨（執政）國家威脅的一個辦法，就是搞這種多邊的安全組織。」

一九五四年十月二十三日，美、英、法等西方國家簽訂《巴黎協定》，吸收西德加入西歐聯盟和北大西洋公約組織。蘇聯政府曾照會二十三個歐洲國家和美國政府，要求他們不要批准《巴黎協定》，並建議召開歐洲集體安全會議，討論「防止德國軍國主義再起」等問題，並締結《歐洲集體安全條約》，但遭西方國家的拒絕。同年十一月二十九日至十二月二日，蘇聯和阿爾巴尼亞、保加利亞、波蘭、東德、捷克斯洛伐克、羅馬尼亞、匈牙利等八國，在莫斯科舉行歐洲國家保障歐洲和平安全會議，會議通過宣言：如西方國家批准《巴黎協定》，蘇聯和東歐國家將在組織武裝力量和聯合司令部方面採取共同措施。

一九五五年三月，八國又就締結集體友好互助條約的原則、組建聯合武裝力量及其統帥部等問題進行協商，並取得一致的意見。同年五月五日，《巴黎協定》被批准。同年五月十四日，前述八國又在華沙簽署《阿爾巴尼亞人民共和國、保加利亞人民共和國、匈牙利人民共和國、德意志民主共和國、波蘭人民共和國、羅馬尼亞人民共和國、蘇維埃社會主義共和國聯盟、捷克斯洛伐克共和國友好合作互助條約》。這代表華沙條約組織❷這一軍事、政治同盟正式成立。

「冷戰」不僅意味著兩大陣營軍事上的對抗，同時，也宣告一場席捲全球的貿易戰開始打響。一九四九年，美、英、法、德等十七個國家秘密成立了巴黎統籌委員會，目的就是要對社

❶【北大西洋公約組織】簡稱北約組織或北約，是美國與西歐、北美等地區的主要已開發國家為實現防衛協助合作而建立的一個國際軍事集團組織。北約的目的是與前蘇聯為首的東歐集團成員國相抗衡，若某成員國一旦受到攻擊，其他成員國可以及時作出反應、聯合進行反擊。及至前蘇聯解體，華沙公約組織宣告解散，北約遂成為地區性防衛協作組織。北約就重大國際問題進行磋商合作，協調立場，加強集體防務，每年舉行各種聯合軍事演習。北約擁有大量核武器和常規部隊，是西方的重要軍事力量。這是資本主義陣營在軍事上實現戰略同盟的代表，是「馬歇爾計畫」的發展，使美國得以控制歐洲的防務體系，也是美國稱霸世界的象徵。

❷【華沙條約組織】東歐社會主義陣營為對抗北約組織而成立的政治軍事同盟。宗旨為：「如果在歐洲發生了任何國家或國家集團對一個或幾個締約國的進攻，每一個締約國應根據聯合國憲章第五十一條行使單獨或集體自衛的權利，個別地或通過同其他締約國的協議，以一切它認為必要的方式，包括使用武裝部隊，立即對遭受這種進攻的某一個國家或幾個國家給予援助。」一九九一年七月一日，華沙條約組織正式解散。

會主義國家實行禁運和貿易限制。當西方工業國家對共產黨（執政）國家實行貿易禁運之後，對於共產黨國家來說，一個長期性的影響就是失去了西方市場。那麼，共產黨國家的資本累積，就主要靠內部聚積來完成。它們的貿易被局限在社會主義國家之間。

為了限制社會主義國家的發展，巴黎統籌委員會對社會主義陣營開出四張禁運清單，包括軍事武器裝備、尖端高科技產品和戰略產品都屬於禁運範疇。到二十世紀七〇年代後，禁運產品主要向高技術領域集中，凡是能夠對生產方式產生重大變革的新技術，基本上都在禁運的範圍之內。

據華東師範大學歷史學系主任崔丕表示：「比如說航空航太技術、海底石油探勘技術、實驗室技術，比如說能不能做到真菌、無菌、恒溫這些實驗室的必備條件等等，凡是在這個清單範圍內的，一概禁止向共產黨國家出口。」

「冷戰」把世界割裂為兩個陣營，兩個陣營之間的貿易量急劇下滑，國際貿易基本只在各自陣營內部進行，這給全球貿易帶來的影響無法估算。同時，為了孤立社會主義國家，美國還把六十多個亞洲、非洲、拉丁美洲地區的開發中國家，拉進自己的陣營，並且通過軍事援助和經濟援助，讓這些國家也對社會主義陣營實行貿易管制。

比如說在航空航太方面，美、蘇之間的技術水準本來是接近的，但是經過管制之後，蘇聯在總體上落後於美國。另外，在最重要的幾個領域，比如電腦、數控機床等方面，蘇聯落後於美國，差距一般是十二年到十五年。

貿易戰爭中的巔峰決戰

到了二十世紀八〇年代，東西方在經濟方面的差距越來越大，東歐國家與蘇聯的矛盾也在加深。美國則在暫時穩住美元霸權後，開始對蘇聯發動更加全面的貿易戰，最後用貿易戰打敗了蘇聯。

美國五角大廈解密的檔案中披露，二十世紀八〇年代，時任雷根政府國防部長的溫伯格，建議用經濟戰，特別是貿易戰，搞垮蘇聯。具體做法是，美國抓住每一次機會，限制西方對蘇聯的技術出口，並且遏止和打擊蘇聯可以換取外匯的經濟領域。經過精心策畫，美國把蘇聯的石油產業作為打擊對象。

美國發現，蘇聯經濟的弱點在於它對石油出口的依賴性很大。二十世紀七〇年代第一次石油危機後，國際油價攀升，蘇聯靠石油出口賺了一大筆錢。美國人估計，石油價格每一桶上漲一美元，蘇聯一年就可以多獲得十億美元的硬通貨（指匯價堅挺的貨幣）。如果國際石油價格下降，蘇聯出口換匯的能力就會下降。蘇聯外匯儲備下降，主權風險就增加，西歐的國家銀行在給它發放貸款時就會更加謹慎。於是，美國就開始利用沙烏地阿拉伯操控石油價格。

二十世紀八〇年代，影響國際油價的單個產油國，只有沙烏地阿拉伯。沙特的產油量佔歐佩克[3]總產油量的四〇%，而且有能力迅速增加產量，並有條件通過產量影響並控制國際油價。於是，當時的美國中央情報局局長凱西，便飛到沙特首都利雅德會見沙特親王，說明美國對油價的關心。當時，凱西的論據是，美國經濟需要低油價支持，沙特如果不向其他歐佩克國家屈服，就是支持美國，美國會感激沙特，會向沙特出售一些尖端武器，以保證沙特的安全。美國的勸說立即得到沙特的積極回應，雙方一拍即合。沙特認為美國的計畫符合沙特的利益，除了強大的美國可以給沙特提供安全保護外，低油價會讓歐洲停止從蘇聯購買天然氣，而選擇從中東進口石油作為替代，還可以讓伊朗這個有可能在阿拉伯世界引起伊斯蘭革命的國家受到懲罰。沙特向美國人保證一定會頂住歐佩克的壓力增加石油產量。

除此之外，美國還採取了其他一切有可能進一步打壓石油價格的措施，其中包括縮減本國需求和戰略儲備等。美國的戰略石油儲備多藏在一些偏遠地區的自然地下岩洞中。美國國會原計畫到一九九〇年時儲備七．五億桶石油，這要求美國每天要購進二十二萬桶石油。一九八三年，雷根政府宣布，因為政府預算緊縮，美國每天只能購進一四．五萬桶石油。此外，美國還要求西歐及日本時刻作好準備，一旦油價上漲，就拋售戰略儲備石油，以打擊石油投機，平抑油價。

一九八五年，沙特國王法赫德訪問美國，美國又說服他繼續維持石油產量，必要時甚至應多開採一些。這對沙特來說並不難，因為沙特開採石油的成本平均每桶只有一．五美元。為了給沙烏地阿拉伯一些甜頭，美國政府通過國際銀行家告訴法赫德國王，美國財政部正在設計美元貶值計畫，準備在未來十二個月內讓美元貶值四分之一。這一消息對法赫德來說是無價之寶，使沙特有時間安排它的境外財產，美元以外的資產當然會隨著美元的貶值大幅升值，沙特因此可以大賺一筆。於是，沙特立刻增加石油產量，國際石油價格應聲下跌，到一九八五年十一月，每桶原油的價格由上半年的每桶三十美元跌到了每桶十二美元。

除了操縱油價，美國還採取了其他一些打擊蘇聯經濟的措施，其中包括利用巴統委員會❹限制西歐對蘇聯的技術出口，利用經濟合作發展組織❺等國際機構來限制給蘇聯提供貸款，以及鼓勵西歐國家利用各種替代能源，減少對蘇聯天然氣供應的依賴。

---

❸【歐佩克】一九六〇年九月，伊朗、伊拉克、科威特、沙烏地阿拉伯和委內瑞拉的代表在巴格達開會，決定合作共同對付西方石油公司，維護石油收入。當月十四日，五國宣告成立石油輸出國組織，簡稱歐佩克（OPEC）。隨著成員的增加，歐佩克發展成亞洲、非洲和拉丁美洲一些主要石油生產國的國際性石油組織。歐佩克組織的條例要求該組織致力於石油市場的穩定與繁榮，因此，為使石油生產者與消費者的利益都得到保證，歐佩克實行石油生產配額制。如果石油需求上升，或者某些產油國減少了石油產量，歐佩克將增加其石油產量，以阻止石油價格的飆升。為阻止石油價格下滑，歐佩克也有可能依據市場形勢減少石油的產量。歐佩克成員國出口的石油佔世界石油貿易量六〇％，對國際石油市場具有很強的影響力。

❹【巴統委員會】對社會主義國家實行禁運和貿易限制的國際組織。正式名稱為輸出管制統籌委員會。一九四八年由美國發起，一九四九年十一月正式成立，總部設在巴黎。會員國有美國、英國、法國、義大利、西德、丹麥、挪威、荷蘭、比利時、盧森堡、葡萄牙、加拿大、日本、希臘和土耳其。巴統的宗旨是執行對社會主義國家的禁運政策。禁運產品有三大類，包括軍事武器裝備、尖端技術產品和戰略產品。巴統的禁運政策和貨單常受國際形勢的變化影響，有時還把禁運限制同被禁運國家的社會制度、經濟體制或人權聯繫在一起。巴統帶有強烈的「冷戰」色彩和意識形態的目的。「冷戰」結束後，西方國家認為，該委員會的宗旨和目的也與現實國際形勢不相適應，一九九四年四月一日巴統委員會宣布正式解散。

❺【經濟合作與發展組織】簡稱經合組織，是由三十個市場經濟國家組成的政府間國際經濟組織，旨在共同應對全球化帶來的經濟、社會和政府治理等方面的挑戰，並把握全球化帶來的機遇。經合組織的歷史可以追溯到二次大戰後重建歐洲經濟的「馬歇爾計畫」，其最初的宗旨一直延續到今天：促進成員國的持續經濟增長、就業以及生活水準的提高，同時保持財政的穩定，以此對世界經濟的發展做出貢獻；幫助成員國和其他國家在經濟發展進程中保持健康的經濟增長步伐；在多邊、平等的基礎上促進世界貿易的發展。（續下頁）

1985年12月，蘇聯總統戈巴契夫與當時美國總統雷根，一同登上了《時代》雜誌的封面。

一九八二年一月，美國副國務卿巴克利、副國防部長伊克爾，率領一個代表團到巴黎參加巴統會議。他們提議，巴統委員會的工作程式要進行三項改變。首先，美國想更嚴格地執行有關向蘇聯出售關鍵技術的禁令，包括先進電腦及其電子零件、光纖、半導體和各種冶金方法。美國還想限制西歐的公司把工廠遷入蘇聯境內，因為美國擔心這些工廠將有助於蘇聯發展軍事工業，擔心西歐工廠的先進技術會被蘇聯利用，從而促進蘇聯經濟的發展。其次，所有與蘇聯簽訂價值超過一億美元的合同，都要自動交委員會審批，以確保敏感技術不會流到蘇聯。

再次，美國要擴大該委員會從成立以來制訂的禁運清單，把它擴大到最新的技術與產品。從一九七五年到一九八三年，美國出售給蘇聯的高技術產品所佔比例，從三二・七%下降到五・四%，金額從二・二億美元下降到〇・四億美元。一九八三年三月，巴克利又率領一個金融專家小組赴歐洲訪問，以關緊西歐向蘇聯提供貸款的閥門。此外，美國還強迫國際能源機構，限制歐洲從蘇聯進口天然氣比例，控制蘇聯從西歐獲取硬通貨。

蘇聯在這期間似乎沒有感覺到來自國際間的戰略攻勢。一九八五年是蘇聯領導人頻繁更迭的一年，安德羅波夫、契爾年科相繼去世，戈巴契夫接手的是一個搖搖欲墜、危機四伏的帝國。蘇軍在阿富汗進退兩難；在它原來控制的東歐勢力範圍內，波蘭的反對派在美國的支持下，公開挑釁蘇聯的社會主義模式；蘇聯的經濟在美國的打壓下陷入一片混亂；美國的「星球大戰計畫」❻逼著蘇聯把僅剩的一點資源，也投入軍事領域當中。戈巴契夫本來指望向西歐出口能源來換取更多的硬通貨，以籌措購買技術和進口生活消費品的資金，最終實現他的改革計畫。但在美國的經濟攻勢下，他的一切計畫都落空了。石油價格下跌，導致蘇聯的出口收入大

經合組織成員國向全世界提供了近六〇％的商品和服務，但在一個相互依存的全球經濟環境中，經合組織顯然不能獨自發揮作用。它和世界上其他超過七十個國家進行技術和觀點的交流。經合組織最重要的作用是為各國政府提供一個探討、發展和完善經濟及社會政策的場所。它們交流經驗，尋求對相同問題的解決方案，並協調國內和國際政策，從而在日益全球化的世界形成國家間的實踐系統。它們的交往可能形成正式執行協議，但更常見的是，它們的討論可使各國政府更容易了解在公共政策範圍內的工作，並澄清國內政策對國際社會的影響。同時，經合組織還為成員國提供了一個與其情況相似的國家表明觀點和交換看法的機會。經合組織是由觀點相近的國家組成的俱樂部。它富有，因為經合組織成員國產出的貨物和服務佔世界的三分之二。本質上，其成員國僅限於實行市場經濟和多元民主國家。

❻【星球大戰計畫】也就是反彈道導彈防禦系統的戰略防禦計畫。一九八五年一月四日由美國政府立項開發，以各種手段攻擊敵方的外太空洲際戰略導彈和航天器，以防止敵對國家對美國及其盟國發動核打擊。「星球大戰計畫」開啟的背景是在「冷戰」後期，由於蘇聯擁有比美國更強大的核攻擊力量和導彈破防能力，美國害怕「核平衡」的形勢被打破，必須建立有效的反導彈系統，來保證其戰略核力量的生存能力和可靠的威懾能力，維持其核優勢。美國也想憑藉其強大的經濟實力，通過太空武器競爭，拖垮蘇聯的經濟。由於系統計畫的費用昂貴和技術難度大，許多計畫中的專案最終無限期延長甚至終止。到後來蘇聯解體，美國已經花費了近千億美元，於二十世紀九〇年代宣布中止「星球大戰計畫」。

幅下降，美元貶值進一步加劇出口所得外匯縮水，蘇聯只能通過出售黃金來維持正常的貿易。起先，西歐計畫出資幫助蘇聯從西伯利亞建立一條通往歐洲的天然氣管道，最後因美國反對而作罷。儘管美國後來解除了制裁，但蘇聯規畫的兩條天然氣管道最終都泡了湯，損失慘重。

為了遏制蘇聯，美國不惜一切代價。但美國沒有想到，真正對它經濟大國和貿易大國地位發起挑戰的對手，竟是在自己的一手幫助下誕生的日本和德國。

蘇聯SA-4加涅夫防空導彈。美國的「星球大戰計畫」逼著蘇聯把僅剩的資源也投入了軍事領域。

8 日美貿易摩擦：盟友還是敵人？

二次大戰後，藉由美國的幫助，日本迅速擺脫戰爭陰霾，成為世界上頗具影響力的經濟體。面對日本的復興，美國不再將日本視為自己的盟友，而是敵人，甚至無所不用其極地削弱日本的經濟實力。「沒有永恆的朋友，只有永恆的利益」，這句話再一次得到了歷史的印證。

美國讓日本快速復甦

第二次世界大戰剛結束時，作為戰敗國的日本滿目瘡痍。一九四六年，日本實際國民生產總值只相當於戰前的六二%，工礦業生產只相當於戰前的三一%，絕大多數城市的居民皆因房屋毀於空襲而無家可歸。在農業方面，一九四五年，稻米產量較常年減少了三分之一，糧食嚴重不足，海上供應線路斷絕加劇糧荒問題，同時魚類供應銳減。在戰後的最初幾年裡，佔領國美國每天要向日本提供六千噸稻米，才能保證盡可能少地餓死人。

當年日本第一部《經濟白皮書》也承認：「政府、企業、家庭皆有虧損。」一位日本老人回憶那段噩夢般的日子時說：「餓著肚子的我啃著寶貝般的麵包，如果麵包發黴，便把黴除掉再吃下肚。到了一九四四年，稻米貴的不像話，到一九四五年簡直連看也看不到。」

日本戰敗後，經濟蕭條並不是它面臨的最大問題。最大的問題是，作為戰敗國，日本被戰勝國美國託管，日本要發展經濟，必須得到美國的同意，但這把懸在日本上空的利劍，**對日本經濟採取的卻是「削弱政策」**。也就是說，**美國不允許日本經濟快速恢復**。

「削弱政策」表明了美國對日本未來經濟的立場。其典型的政策就是以拆遷設備作為戰爭賠償，東京盟軍總司令部在一九四六年一月確定的首批拆遷工廠，就達三百八十九家。鋼鐵生產量被限制在二百五十萬噸以內，其差額部分——一千一百萬噸的設備，要作為戰爭賠償拆除後移交給戰勝國。全國工業生產設備的二分之一、火力發電廠設備的二分之一以及其他優良設備，都要作為賠償進行拆遷。當時，日本用於賠償的工廠達一千一百家，相當於平時工業生產能力的三〇％左右。「削弱政策」不僅只是拆除日本的工業設備，**為了防止日本經濟崛起，在佔領之初，美國甚至禁止日本生產所有汽車**。因此，很多評論家都認為：在「削弱政策」的壓力下，日本將長期淪為一個三流的農業國。

一九五〇年朝鮮戰爭爆發，美國迫切需要日本作為戰爭的後勤基地，這給日本經濟崛起帶來了機遇。為了打贏朝鮮戰爭，從一九五〇年到一九六〇年，美軍向日本發出大量的軍需物資訂單，美國累計向日本訂貨高達六百億美元。為了完成這些訂單，日本電力的七〇％、煤炭的八〇％、船舶和陸地交通的九〇％以上，都直接或間接地為美軍服務，**日本事實上已經成為美國的「兵工廠」**。

龐大的軍需訂單迅速帶動了日本大批產業的復甦。比如，戰前松下公司五棟生產電機的廠房，由於產品滯銷，有四棟停產變成了積壓電機的倉庫。戰爭開始後，要生產大批的軍用卡車，需要大量車床，而車床必備的電動機就迅速成了搶手貨。兩天之內，松下塞滿四棟廠房的電動機被一掃而空，五棟廠房通宵生產仍不能滿足需求。日本棉紡織業十大公司在期間利潤增加了九至十九倍之多。

一九四九年，大名鼎鼎的豐田公司巨額虧損，不得不大幅裁員，企業面臨倒閉的困境，但在朝鮮戰爭爆發後的一九五〇年八月，豐田公司立即收到美軍十億日圓的軍用卡車訂單，這使豐田公司的經營立即轉虧為盈，並在一九五〇年實際盈利二．五億日圓。

靠著朝鮮戰爭以及越南戰爭的「特需訂貨」，日本的經濟迅速恢復生機與活力，出口也與日俱增。近一千五百億日圓的積壓商品頃刻間被搶購一空。許多百貨大樓拔地而起，衣料、糧食的配給制被取消。工農業生產指數迅速回升，工礦業生產在一九五〇年十月已達到戰前的水準，農業生產一九五二年已回復到戰前水準的一一一．二%。國民生產毛額一九五一年達到一百五十二億美元，為戰前水準的一一九．四%。

更讓日本高興的是，為了應對朝鮮戰爭、越南戰爭，美國把大量加工製造業搬進日本，使得日本迅速掌握大量的科學技術。據統計，戰後日本的科學技術，九〇%是從外國引進的（這其中的九〇%是從美國引進的）。**日本從一九五〇至一九七五年共引進二萬五千多項技術，在二十五年內，日本僅僅花了六十億美元，就掌握了美國等西方國家用了半個多世紀、花費二千多億美元得到的研究成果**。

對這樣的結果，當時的日本首相吉田茂也說：「正當日本經濟即將上升的時候，由於朝鮮戰爭的爆發而急劇擴大出口，這就是一種幸運。」是「**生逢其時，憑藉幸運。**」

朝鮮戰爭結束後，為了圍堵社會主義陣營，美國對蘇聯和中國周邊的國家和地區，如日本、西德、韓國、臺灣，以及東南亞的一些國家和地區，實行一種不對稱合作策略。美國同意這些國家的產品暢通無阻地進入美國市場，同時又允許這些國家保護自己的市場。**美國這種不對稱合作策略，是為了讓資本主義經濟在這些國家迅速開花結果，以此來防止社會主義陣營的擴張**。

日本前駐經合組織首席談判代表前田匡史對此表示：「在『冷戰』期間，美國需要日本。因為美國在日本展開軍事能力，有日本這樣一個富有、自由的國家作為聯盟，在亞洲、在政治的角度上，對於日本是很好的。」

日美貿易摩擦日益頻繁

藉助美國的支持，日本確立了「貿易立國」的國家策略。一九五五年，在美國的協助下日本加入關貿總協定，西方巨大的市場向日本打開大門。二十世紀五〇年代，日本勞動力密集的紡織業迅速崛起，並成為支柱產業。日本利用勞動力成本低廉的優勢，使紡織纖維的出口量佔世界總出口量的六〇%以上，其中大部分出口到美國，甚至出現「一美元襯衫」的現象。

日本紡織品大量出口到美國，引起美國的不安。

美國的紡織工業是伴隨著第一次工業革命發展起來的，二次大戰後，美國的紡織工業在國際市場幾乎不存在競爭問題，它的興起不僅為美國帶來巨額的財富，同時也創造大量的就業機會。因此，當日本紡織品衝擊美國的紡織工業時，必然會造成美國的巨額貿易逆差，紡織產業的失業率上升。受到嚴重衝擊的美國國內紡織品利益集團，紛紛要求國會議員動用**反傾銷法案**[7]。他們開始要求政府採取有力措施，限制日本紡織品的進口。

根據東北師範大學歷史文化學院鄧峰教授表示：「當時，美國有很多紡織廠關門，很多紡織工人失業。美國國內紡織工業利益集團對政府施加重大的壓力，迫使艾森豪政府在一九五七年和日本人談判，締結了一個日本自主限制對美國出口棉紡織品的協定，這個協定的時間長達五年。」

為了反制日本，在一九五九年的關貿總協定年會上，以美國為首的西方國家猛烈批判日本，要求日本也開放本國市場。迫於壓力，一九六〇年四月，日本內閣發布《貿易匯兌自由化計畫大綱》，計畫三年後達到自由化率八〇％。為了避免本國產業在開放過程中受到衝擊，一九六〇年日本還制定了扶植企業經營的一系列措施，包括削減企業二〇％的稅率，將設備折舊年限縮短四分之一，降低企業貸款利率，按照市價發行企業股票，增強企業在資本市場的融資能力。

---

[7]【反傾銷法】由一國立法機關制定，由國家行政機關保證執行，是規範進口產品價格秩序、保護國內相關產業、要求進口產品相關者必須遵守的行為規則。是調整進口國反傾銷調查機關在對傾銷進行調查、裁定和採取反傾銷措施過程中所發生的各種權利與義務關係的法律規範。反傾銷法分為國內規範與國際規範兩種形式。反傾銷法的國內法主要指各國制定的有關反傾銷的專門立法以及在關稅法、對外貿易法、行政法等其他法律法規中涉及的反傾銷規則，在普通法系國家還包括具有約束力的行政主管機構和法院的反傾銷判例。反傾銷法的國際規範包括國際雙邊條約和多邊條約，其中最有影響的就是ＧＡＴＴ／ＷＴＯ《反傾銷守則》。

有日本政府產業政策的扶持，再加上低廉的生產成本，日本的鋼鐵、汽車、石化、半導體等產業在開放的經濟中迅速崛起，國際競爭力無人可比。一九六九年，美國進口的鋼鐵有四二%來自日本；進口的彩色電視機有九〇%是日本製造。

隨著日本經濟逐漸強大，美國開始考慮用其他辦法來解決美日之間的貿易衝突。一九六九年五月，美國商務部長出訪日本，就紡織品問題和日方進行交涉，但毫無結果。一九六九年七月，在東京舉行的日美貿易經濟聯合委員會會議上，美國再次要求日本方面實行自主限制，但是遭到日本紡織業界的強烈抵制，日本政府對於美國的要求也持強硬態度，眾議院甚至以全票通過了反對美國要求日本限制紡織品出口的決議。

一九六九年十二月和一九七〇年一月，美國政府兩次提出限額方案，要求日本三十多種毛紡、化纖產品每年出口美國的增長率不得超過一定比例，否則拒絕進口，但也再次遭到日本的拒絕。

一九七一年八月十五日，尼克森政府突然宣布實行新的經濟政策，對一切外國進口商品徵收一〇%的附加稅[8]，提高進口產品一〇%的成本。美國這一措施使日本經濟受到嚴重衝擊，蒙受巨大損失。日本政府被迫作出妥協，接受美國關於解決紡織品問題的方案，並以政府賠償方式彌補日本紡織業的損失。一九七一年十月十五日，雙方就紡織品問題達成協定，使一度緊張的美日關係暫時趨於緩和。

一九六八年，日本的國民生產總值超過西德，成為僅次於美國的全球第二經濟大國。而一九七一年美國出現二次大戰以來的首次貿易赤字，雖然只有十五億美元，但是引發了舉國上下的震動。許多國會議員認為，美國正在遭遇其他國家不公平貿易的威脅。一九七四年，國會通過《貿易關稅法》，宣布美國可以單方面認定其他國家的貿易行為是「不公平」、「不公正」或「不合理」的，並由此展開貿易報復，這就是著名的「三〇一條款」[9]。隨後美國國會又對這一方案進行多次擴展性修訂，衍生出「特別三〇一條款」[10]和「超級三〇一條款」[11]。但關貿總

[8]【附加稅】正稅的對稱，指隨正稅按照一定比例徵收的稅。其納稅義務人與獨立稅相同，但是稅率另有規定。美國對超過一定數額的收入常採用附加稅的形式進行累進課徵。一九六〇年，美國的聯邦所得稅對全部淨收入課徵三〇%，同時對應稅收入總額在二千五百美元以上的，加徵二二%的附加稅。

[9]【「三〇一條款」】一九七四年美國《貿易關稅法》第三〇一條的俗稱，一般來說，「三〇一條款」是美國貿易法中，有關對外國立法或行政上違反協定、損害美國利益的行為，採取單邊行動的立法授權條款。根據「三〇一條款」，當有任何利害關係人申訴外國的做法損害美國在貿易協定下的利益，或其他不公正、不合理或歧視性行為，給美國商業造成負擔或障礙時，貿易代表辦公室可進行調查，決定採取撤銷貿易或減讓優惠條件等制裁措施。該條款授予美國總統對外國影響美國商業的「不合理」（指不符合國際法或與貿易協定規定的義務不一致）和「不公平」（指凡嚴重損害美國商業利益）的進口，加以限制和採用廣泛報復措施的權力。

[10]【「特別三〇一條款」】專門針對那些美國認為對知識產權沒有提供充分有效保護的國家和地區。美國貿易代表辦公室每年發布「特別三〇一評估報告」，全面評價與美國有貿易關係的國家的知識產權保護情況，並視其存在問題的程度，分別列入「重點國家」、「重點觀察國家」、「一般觀察國家」，以及「三〇六條款監督國家」。對於被美國貿易代表辦公室列入「重點國家」的，公告後三十天內對其展開六至九個月的調查並進行談判，迫使該國採取相應措施檢討和修正其政策，否則美國將採取貿易報復措施予以制裁。一旦被列入「三〇六條款監督國家」，美國可不經過調查自行發動貿易報復；而被列為「重點觀察國家」、「一般觀察國家」則不會立即面臨報復措施或要求磋商。

協定畢竟是為全球貿易樹立了自由貿易的大框架，美國的貿易保護措施最終還是沒能挽救本國產業的步步衰退。

二十世紀七〇年代後期，日本質優價廉的半導體產品再次佔領美國市場，同時還擠佔了原來被美國佔領的歐洲市場。美國逼迫日本在一九八六年簽訂《日美半導體貿易協定》，要求日本減少半導體產品的出口。但歐洲認為，日本半導體的出口大量減少後，歐洲將不得不購買價錢更高的美國產品，這對歐洲電子工業是個重大打擊，於是歐洲共同體上訴關貿總協定，最終撤銷《日美半導體貿易協定》。

二十世紀八〇年代，第二次石油危機爆發，以省油和低價著稱的日本汽車熱銷美國，日本也超越美國成為世界第一汽車生產國。「汽車王國」這頂桂冠一直是美國最看重的榮譽，此時，美國人再也按捺不住了，決定採用新的武器來打贏與日本的貿易戰。

貿易戰中的神秘幫手

在這場貿易摩擦中，日本之所以能夠衝擊美國的紡織工業，不僅是因為日本保持低工資、追求科技創新等因素，更重要的是，在這場貿易戰中，日本紡織業還有一個神秘的幫手。

這個神秘的幫手就是一連續保持二十二年之久的「三六〇日圓兌換一美元」的固定匯率[12]貨幣政策，它在這場貿易戰中發揮了關鍵性的作用。因為，它使得日本企業在二十多年內，不必理會匯率變化的風險，將全部精力集中在提高勞動生產率、提高產品品質、開發新產品、擴大產品出口等方面，也就是說，這個固定匯率為日本經濟發展立下了汗馬功勞。

更讓美國頭疼的是：三六〇日圓兌換一美元的固定匯率政策，不僅保護著日本的紡織業，同時，也使日本的汽車業、彩色電視業、半導體、鋼鐵業免遭匯率風險。從二十世紀六〇年代後期開始，日、美貿易摩擦開始向所有重要工業產品領域延伸，**憑藉先進的技術和較低的成本，日本一直保持對美國的巨額貿易逆差**，美國相關產業正逐漸失去全球競爭力。與此同時，一九六六至一九六八年間，日本的國民生產毛額先後超越法國、英國、西德，成為僅次於美國的第二經濟大國。

面對日本產品的強力攻勢，美國必須找出一個辦法來瓦解日本產品物美價廉的市場優勢，

⓫【「超級三〇一條款」】指經一九八八年《綜合貿易與競爭法》修改補充後，對「三〇一條款」新增加的「第一三〇二節」。該條款的款名為《貿易自由化重點的確定》。該條款要求美國政府調查解決某國的整個對美出口產品方面的貿易壁壘問題。該條款的規定比「普通三〇一條款」更強硬，適用範圍更廣泛。「超級三〇一條款」將原先的貿易報復權，由總統轉到貿易代表署，從而使貿易的談判者與報復的執法者合而為一。一方面增加對貿易談判對手的壓力，另一方面減少政府其他部門對貿易代表署採取報復措施的干擾。其次，「超級三〇一條款」強行規定，貿易代表署於每年三月三十一日至九月三十日提出美國認為「市場最封閉」、「最不公平」的貿易夥伴和貿易領域，在未來的十八個月內，美國政府將和這些貿易對手進行談判。如果貿易糾紛仍無法解決，美國就可對這些貿易對手實施單方面的貿易制裁，主要是對其進口的某些產品實行高關稅，關稅最高達一〇〇%。

⓬【固定匯率】將一國貨幣與另一國貨幣的兌換比率基本固定的匯率，固定匯率並非匯率完全固定不動，而是圍繞一個相對固定平價的上下限波動。當匯價漲或跌到上限或下限時，中央銀行要採取措施，使匯率維持不變。在十九世紀初到二十世紀三〇年代的金本位制時期、第二次世界大戰後到二十世紀七〇年代初，以美元為中心的國際貨幣體系都實行固定匯率制。

1971年至1972年，美日貿易金額比較

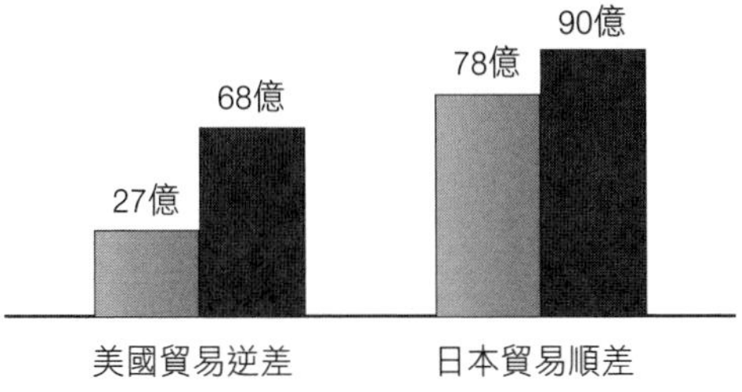

以挽救國內的產業。作為一個金融大國，美國開始關注日本的匯率，並在金融方面要求日本升值日圓。

美國之所以要求日圓升值，是因為一個國家的匯率不僅直接影響本國商品的國際競爭力，也決定一個國家出口型企業的生死存亡。

連續又快速地升值弊值，對一個國家的出口型企業會造成致命性打擊。比如，每輛汽車的出口價格是二萬美元，日本的汽車生產商想把每輛汽車的生產成本降低至一萬日圓，是一件非常困難的事，但是只要日圓對美元升值一日圓，日本汽車的出口成本就上升二萬日圓，如果升值十日圓，成本將提高二十萬日圓。

生產成本降得再快，也比不上匯率上升帶來的出口價格上漲快。為了維護三六〇日圓兌換一美元的匯率水準，保持日本企業的競爭優勢，日本政府多次指示日本央行入市干預，拋出大量日圓，購買美元。但這些措施都無濟於事，日圓匯率繼續上升。

就在日圓匯率上升的同時，歐美國家仍不滿意，他們不斷指責日圓匯率升值幅度不夠。在這種背景下，一九七一年十二月，西方十國財政部長在華盛頓史密森博物館召開會議，決定將日圓匯率升值一六・八%，也就是「一美元兌換三〇八日圓」，並以此作為標

準匯率，可上下浮動二・二五％。

日圓升值了一六・八％，但這並沒有阻止日本對美國巨額貿易順差繼續加大。從一九七一年到一九七二年，美國的貿易逆差從二十七億美元擴大到六十八億美元，而日本的貿易順差則從七十八億美元增加到九十億美元。與此同時，美元匯率仍在繼續下滑。一九七三年二月十三日，美國財長宣布美元對黃金貶值一〇％，日本也只好讓日圓過渡到浮動匯率制⑬。一九七三年初，日圓對美元匯率約為一美元兌換二六六日圓，日圓開始邁入浮動匯率的時代。

據前田匡史表示：「由於當時美日雙方的貿易順差和逆差持續上升，所以美國當時覺得只靠關貿總協定來抑制日本還是不夠。所以後來美國將目標轉移到匯率上，**因為匯率跟當時的每一個貿易板塊相關，不是單純的一項紡織品、一項鋼材……它是一個結構性的因素。所以對於美國來說，匯率實在是一個很神奇的因素，可以一下快速調控所有的問題**，所以著名的『廣場

⑬【浮動匯率制】指一國貨幣的匯率根據市場貨幣供求變化，任其自由漲落，各國政府和中央銀行原則上不加限制，也不承擔義務來維持匯率的穩定，這樣的匯率就是浮動匯率制。浮動匯率制的正式採用和普遍實行，是在二十世紀七〇年代後期美元危機進一步白熱化後開始的。

一種貨幣的強弱，基於其經濟實力及與貿易夥伴的關係。匯價太強會使出口商品對外國消費者來說過於昂貴，因而可能會損及出口業；匯價較弱則有助於提高出口商品的價格競爭力，但進口商品會變得較為昂貴。貨幣突然貶值可能意味著經濟不穩。

浮動匯率制的主要長處是防止國際遊資衝擊，避免貨幣危機爆發；有利於促進國際貿易增長和生產發展；有利於促進資本流動等。缺點是經常導致外匯市場波動，不利於長期國際貿易和國際投資的進行；不利於金融市場的穩定；基金組織對匯率的監督難以奏效，國際收支不平衡狀況依然得不到解決；對開發中國家更不利。

協議』在一九八五年出現了。」

美國競爭力觸礁

一九八五年前後，作為全球第二大經濟體，日本進行日圓國際化，引起美國強烈的不安，日、美貿易摩擦逐年加劇。

根據統計，二十世紀六〇年代中期，日、美貿易總額開始出現不平衡現象。但二十世紀六〇年代，美國對日本的逆差僅僅只有幾億美元，到二十世紀七〇年代則上升為幾十億美元，在八〇年代進而上升至幾百億美元，整個九〇年代美國對日本逆差基本上在五百億美元上下波動，大約佔到美國對外貿易整個逆差的五〇%左右。

從日、美兩國貿易摩擦涉及的商品看，二十世紀五〇年代以紡織品為主，二十世紀六〇年代以鋼鐵為主，二十世紀七〇年代和八〇年代以彩色電視機和汽車為主。而在日、美的貿易摩擦中，日本對美順差加大的時候，往往也加劇了美國失業率的上升。

以汽車產業為例，一九七九年，日本汽車在美國市場的佔有率為一七%，一九八〇年快速上升到二四%。豐田名車「花冠」在一九八〇年生產達到鼎盛，在高岡工廠中，三條組裝流水線以六十五秒生產一輛的速度推出新車，年產八十五萬六千輛。從這一年開始，豐田轎車每年的生產總量均超過三百萬輛。

與此相反，美國的三大汽車公司經營業績直線下降。克萊斯勒接連三年虧損，一九七八年虧損二億美元，一九七九年虧損擴大到十一億美元，一九八〇年虧損更是高達十七億美元。福特公司由盈轉虧，一九七九年虧損十億美元，一九八〇年虧損增加到十五億美元，均創下歷史最高虧損紀錄。

一九八〇年，日本汽車年產量達到一千一百萬輛，取代美國成為世界上最大的汽車生產國。一九八〇年也是美國汽車業的「噩夢年」；工廠接連倒閉，工人大批失業，昔日繁華熱鬧的汽車城底特律一片蕭條。該市市長科曼・楊在接受記者採訪時沉重地表示：「我們正在經歷歷史上最糟糕的一次蕭條，全市市民中有二〇％的人失業，而黑人的失業率則高達六五％。」一位通用員工則罵道：「僅僅在幾年前，我們公司的生產還是那麼強大，還在擔心競爭者告我們壟斷。然而，我們今天卻不得不為我們的生存而日夜擔心。」

當美國鋼鐵公司或克萊斯勒、福特等對美國舉足輕重的企業，一旦受到嚴重打擊，其相對應的協會、工會和議員代表就會加緊遊說，以此對政府施加壓力。美國政府也非常清楚，鋼鐵、汽車等對任何一個國家來說，都是長期經濟增長倚重的產業，在這些領域喪失優勢，將嚴重影響美國的經濟。

日本商品大量進入美國，美國製造業在日本的出口攻勢下節節敗退，一九八四年，美國貿易逆差達到一千零九十億美元，財政赤字也在一九八四年達到近一千億美元。

更讓美國擔心的是，日本對美大批產業保持著競爭優勢，幾乎讓美國的企業喘不過氣來。二十世紀五〇年代初期，日本從美國購買收音機、答錄機和音響技術，但沒過多久，美國市場上的半導體產品全是日本製造的。

二十世紀六〇年代，日本紡織品有完全壓倒美國紡織工業的趨勢，美國用政治壓力迫使日本公司「自動設限」，主動減少對美國的出口。

二十世紀七〇年代，當美國幾家主要的電視機生產企業因日本的競爭而被迫倒閉時，在美國政府的壓力下，日本企業自動限制對美國的出口，採取退縮的態度。在鋼鐵方面，美國在日本的壓力下，被迫採用一套複雜的計算辦法限制來自日本的進口。

二十世紀七〇年代末，日本的鋼鐵產量與美國相當，但工廠設備卻比美國更先進、更有效率。一九七八年，在世界最大的二十二座現代化熔鐵爐中，有十四座由日本擁有，而美國一座也沒有。這時，日本鋼鐵企業的競爭力高居全球第一。

到了一九七九年，日本對外輸出了四百五十萬輛汽車，其中在美國銷售近二百萬輛。而美國汽車在日本的銷售量僅一萬五千輛。為避免和美國、歐洲發生貿易戰，日本自動限制汽車出口，不然，日本將很快佔領美國汽車市場。

二十世紀八〇年代初期，電子、半導體被譽為未來的朝陽產業，全球龐大的需求量，顯示它將成為美國新的經濟增長點，但日本並沒有因為紡織品、鋼鐵、彩色電視機、汽車等產業，連續三十年的日、美貿易摩擦，而放鬆對美國電子、半導體市場的進攻。

一九五七年日本制定《電子工業振興臨時措施法》，有效促進了日本企業在學習美國先進技術的基礎上，積極發展本國的半導體產業。一九七一年日本又制定《特定電子工業及特定機械工業振興臨時措施法》，成功地幫助日本企業通過加強自身研發、生產能力，有效抵禦歐美半導體廠商的衝擊，使日本半導體製品不斷走向世界。此外，在一九七八年日本還制定《特定機械情報產業振興臨時措施法》，進一步加強以半導體為核心的資訊產業的發展。日本的電腦很快就對ＩＢＭ和其他美國公司構成嚴重的威脅。

在日本半導體產業咄咄逼人的攻勢下，美國開始有危機感。美國是半導體產業的鼻祖。二十世紀五〇年代，為了爭奪空間優勢，適應研製新型導彈和空間飛行器的需求，美國開始重點研發和扶持積體電路產業。積體電路是所有電腦、通信產品、消費類產品的核心。一九六〇年，美國積體電路開始大規模投產，二十世紀六〇年代中期，幾乎全部積體電路產品和四〇%的半導體器件都由國防部購買，這對積體電路和半導體產業的發展起了至關重要的作用。但**二十世紀八〇年代，日本半導體產業開始崛起，美國半導體在品質、可靠度等方面的競爭力漸漸不及日本，這導致美國在半導體領域的霸主地位岌岌可危**。

在經濟戰爭中，日本在三十年內，不斷威脅美國倚重的多個經濟產業，並逐漸取得優勢，也讓美國對抵抗日本產品的進攻失去信心。

二十世紀八〇年代，美國哈佛大學著名的日本問題研究專家沃格爾教授出版了一本名為《**日本第一**》的研究專著。此書一出，立即在美國造成轟動，成為當年美國最暢銷的書籍之一。從一般的美國市民、學者到國會議員、政府官員，乃至五角大廈的軍人都爭相閱讀，美國媒體也對此書大肆炒作。這本書能夠迅速成為當時美國的暢銷書，也證明日本的經濟進攻給美國國民帶來的壓力。

二十世紀八〇年代初，美國不僅面臨著巨額的貿易逆差，同時，也沒有從嚴重的經濟衰退中擺脫出來。為了扭轉美國對日本巨額的貿易逆差，美國曾經一度指責日本沒有充分開放市場，從而導致美國產品難以打進日本市場。

但美國很快就失望了，因為他們發現，即使日本打開市場，美國產品也很難在日本暢銷。得出這個結論的就是美國的波士頓諮詢集團，他們在一九七八年為美國財政部製作的一項研究報告顯示，**造成美日貿易逆差的原因並非日本的保護政策，而是美國的競爭力薄弱所致。**

「廣場協議」改變日圓的命運

在產業競爭力無法迅速提升、巨額貿易逆差難以改變的情況下，掌握著貨幣霸權的美國，再次把目光投向戰無不勝的武器——匯率。

但這一招在美國哈佛大學日本問題研究專家沃格爾教授看來卻是飲鴆止渴。因為**美元貶值的唯一好處就是保護沒有效率的美國生產企業。而沒有效率的美國生產企業會對政府的保護產生依賴，不思進取，從而逐漸喪失國際市場的競爭力。**

美國企業靠技術和管理提升國際競爭力，並不是一朝一夕就能完成的，在經濟下滑的壓力下，美國迫切希望實現美元貶值、日圓升值，來降低不斷攀升的貿易逆差，提升美國產品在全球市場的價格競爭力。

但擺在美國面前的問題是，日圓是否對美元升值，光是美國人說了還不算，一定還要得到日本的認同和配合才行。為此，美國想出了一個說服日本的理由，那就是——美元被高估了，需要貶值。同時，為了防止日本不配合，美國甚至對日本進行威脅。

一九八三年十月，美國財政部部長唐納德．里甘，致函日本大藏省[14]大臣竹下登時指出：

「由於日圓低估，以及日本對美國貿易順差的不斷擴大，在美國國內形成強大的批判浪潮和保護主義的巨大壓力，如果希望美國政府盡力防止那些，試圖把日本的產品和服務趕出美國市場的行動，那麼，日本有必要在金融市場的開放和日圓的國際化上，採取更強而有力而且大膽的步驟。」

唐納德．里甘的話充滿著殺機，因為日本是一個靠出口走向繁榮的國家，一旦美國對日本產品關上大門，那麼，日本五〇%的出口生產能力將失去市場，這會導致大批工人失業。同時，過剩的生產能力在消費不足的情況下，也將在國內引發惡性的價格競爭，產業經濟面臨崩潰的風險。

面對來自美國赤裸裸地威脅，日本雖不情願，但也不能用強硬的態度來拒絕，只能尋找一個合適的理由，體面地化解這一危機。那麼，這個理由是什麼呢？

日本認為合理的理由是：日圓貶值、美元升值問題，不能完全歸罪於日本對日圓的「人為操作」，而是美國的高利率政策造成了全球對美元的追捧，從而造成美元升值的問題。一九八三年十一月，日本首相中曾根康弘把這一觀點告訴來訪的雷根總統，他說：「美元因為世界經濟形勢不穩定的影響而變得非常強盛，希望美國方面在降低利率上多加努力。」這種禮貌語言

⓮【大藏省】日本自「明治維新」後直到二〇〇〇年期間存在的中央政府財政機關，不僅掌管金融、財政及稅收，而且在制定國家財政政策上也佔有重要地位。它還通過分配經費、審批各省的年度預算方案等途徑，牽制和影響各省的活動。

「廣場協議」簽訂兩年以後，英鎊對美元升值37.2%，法郎升值50.8%，德國馬克升值70.5%；而日圓對美元則升值高達86.1%，由242日圓兌換1美元升值到了130日圓兌換1美元。

下的交鋒，也表明日本並不願看到日圓升值。

然而，美國亟需解決的經濟衰退、巨額貿易逆差問題，並不是日本一個口頭解釋就能煙消雲散的，因此，一場脅迫日圓升值、美元貶值的鴻門宴還是拉開了帷幕。

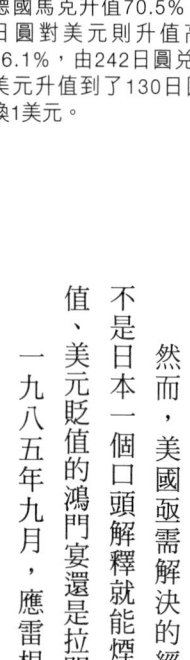

一九八五年九月，應雷根政府財政部長詹姆斯．貝克的邀請，美國、日本、西德、法國、英國五國財政部長及五國中央銀行行長，在紐約廣場飯店舉行會議。會議達成了五國政府聯合干預外匯市場，使美元對其他主要貨幣的匯率有秩序下調，以解決美國巨額貿易赤字的決議，這就是著名的**「廣場協議」**（Plaza Accord）。**協議規定日圓與馬克應大幅升值以挽回被過分高估的美元價格**。

達成逼迫日圓升值的協定，順利得讓美國人都沒想到。前美國聯邦準備理事會⑮主席保羅．沃爾克回憶說，最令人吃驚的是當時日本的大藏省大臣竹下登，主動提出允許日圓升值一〇%以上，這大大出乎所有人的意料。甚至竹下登在表示願意協助美元貶值時，還大度地說：「貶值二〇%，沒問題。」那麼，是什麼原因讓日本作出如此大的讓步呢？前日本銀行行長行天豐雄後來解釋說：「日本政府對當時美國日益上升的保護主義感到驚慌，準備接受一次日圓的大幅度升值，以緩解對美貿易關係。」並希望以此顯示日本正在積極「爭取成為與其經濟實力相適應的政治大國」。

對此，前田匡史也分析表示：「日本政府最初的意願實際上是對美元進行調整，是為了弱化美元。因為那時日本是美國最大的貿易順差國，所以日圓開始變得強勢。」

五國開始按照協定的約定大量拋售美元，然而這一舉動立刻引起市場投資者的跟進，引發拋售美元的狂潮。「廣場協定」兩年以後，英鎊對美元升值三七・二%，法郎對美元升值五〇・八%，德國馬克對美元升值七〇・五%；而日圓對美元則升值高達八六・一%，由二四二日圓兌換一美元升值到了一三〇日圓兌換一美元。

「廣場協定」簽訂後，曾任東京銀行董事長、國際貨幣事務學會會長、日本中央銀行委員會顧問的行天豐雄就感覺不對，他說：「『廣場協議』簽署不久，我們開始感受到強烈的不利反應，因為國外這類外部失衡並沒有好轉。相反的，國內政治局勢出現困難。大約半年之內，人們對『廣場協議』的爭論日益激烈，有人認為該協定是個錯誤，甚至是個失敗，因為它引發日圓不可控制的升值。出口產業特別是中小企業開始抱怨日圓的快速升值。中曾根康弘和竹下

⓯【美國聯邦準備理事會】聯邦準備理事會（The Federal Reserve System, Fed），簡稱聯準會，是美國的中央銀行。一九一三年成立。主要職責如下：1. 制定並負責實施有關的貨幣政策；2. 對銀行機構實行監管，並保護消費者合法的信貸權利；3. 維持金融系統的穩定；4. 向美國政府、公眾、金融機構、外國機構等提供可靠的金融服務。

登一起致函雷根和貝克，請求他們協助制止日圓進一步升值。但他們禮貌地拒絕了，並解釋說保護主義勢力在國會仍然很強，在外部平衡沒有明顯改善的情況下，政府不能再次改變其匯率政策。」

日圓升值帶來的利益

日圓升值雖然讓日本的出口企業抱怨不已，但日圓大幅升值後，日美貿易的結構並沒有改變，美國外貿逆差的問題仍然沒有解決，仍繼續上升。一九八六年三月，美國商務部宣布：外貿逆差總額達到空前的一千二百四十三億美元。這一年的十二月，美國財政赤字為二百二十億美元，外債高達二千五百億美元，成為世界最大債務國。

而對日本來說，日圓對美元大幅度升值，雖然削弱了出口企業的價格競爭力，但日圓能夠兌換更多的美元，也讓日本的財富大幅增長。於是，一場讓美國人感到恐懼的、對美國資產的收購潮也轟轟烈烈地展開了。

有資料顯示：日本在一九八五年的對外純資產為一千二百九十八億美元，隨著日圓的升值，以美元計價的海內外財富迅速增值，僅僅兩年時間，一九八七年年底，日本對外純資產就達到二千八百九十八億美元，足足升了一倍。

藉助日圓升值的東風，日本的GDP也大幅增長。一九八五年，日本的GDP為一．三六九萬億美元，到一九九五年已達五．三萬億美元。一九八六年，日本人均GDP達一．六七〇四萬美元，到一九九五年上升至四．二三三六萬美元。

1985年至1995年
日本GDP增長圖

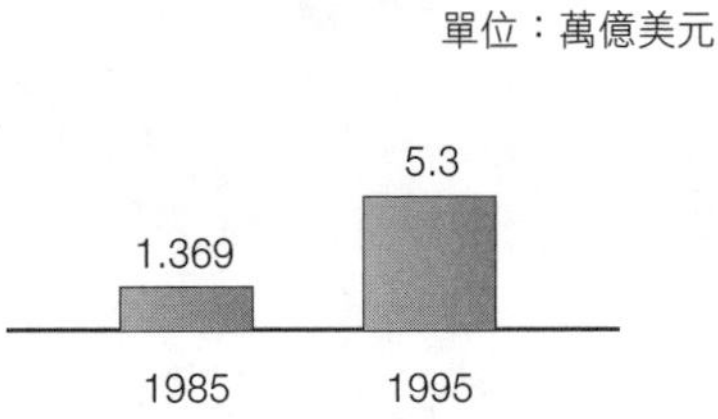

1986年至1995年
日本人均GDP增長圖

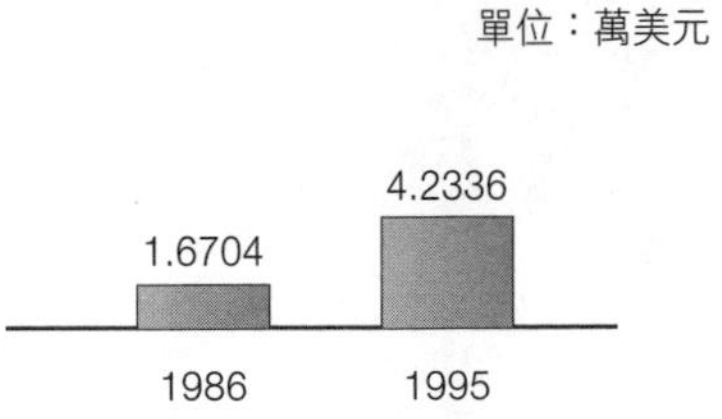

此外，日圓升值還為日本帶來巨額的資本利得。一九八五年十二月底，日本國際貸款頭寸只有七千零七十億美元，但到一九九〇年十二月，這一數字則達到二．一二一五萬億美元，這些國際貸款使日本獲得巨額的資本利得收入。

更讓日本滿意的是，日圓升值還給日本的產業帶來兩個極大的機會。

第一個機會：作為一個島國，日本極端依賴原始物料的進口，這方面的成本大約佔鋼鐵和汽車產品價格的四分之三。美元貶值後，日本原始物料的進口價格降低，因此，外銷產品的價格變動不大。日本可以用很低的價格買到石油、木材和其他的美國資源，其產品的國際競爭能力反而增強了。

第二個機會：由於當時日本在半導體、電子等領域掌握了核心技術，其他國家也對日本產品形成依賴，日圓升值雖然提高產品的價格，但由於其他國家難以擺脫對日本產品的依賴，因此，日圓升值在一段時間內反而為日本帶來更多的收入。

日圓在升值的一段時間內，並沒有給日本的經濟造成巨大的衝擊，相反的，國家、財團以及國民財富迅速增長，大大增強了日本的民族自豪感，大量的財富使得他們有了投資海外的衝動。

洛克菲勒中心是一座由19棟商業大樓組成的建築群，佔地22英畝，在曼哈頓的中城，東西向。從48街到51街，佔了三個街區；南北向，從第五大道到的七大道，更佔了三個縱向街區。這樣龐大的建築群在全世界大都會中，除了皇宮之外，恐怕很少見。

一九八九年，美國文化的精神支柱之一——哥倫比亞影片公司，被索尼（Sony）公司以三十四億美元收購。

隨後，美國重要的國家象徵——洛克菲勒中心[16]，被日本三菱公司以十四億美元的價格買下。

日本人開始在美國和歐洲大量投資房地產，購買土地、辦公大樓、賓館，修建豪華娛樂場所等。日本人在美國購買不動產金額高達五千五百八十九億一千六百萬日圓，佔日本全世界不動產總投資的六四．八％。日本人還買下洛杉磯市區幾乎一半的房地產；在夏威夷，九六%以上的外國投資來自日本，並且主要集中在飯店、高級住宅等不動產方面。從一九八五年到一九九〇年，日本企業總共進行了二十一項合計五百億日圓以上的巨額海外併購，其中有十八項的併購對象是美國公司。**二十世紀八〇年代末，全美國一〇%的不動產已成為日本人的囊中物**。

日本對美國的瘋狂收購，引起美國國民的恐慌，甚至美國的媒體也發出驚呼，「這簡直是日本繼珍珠港之後，第二次入侵美國。」當時在美國人民之間流行的一種擔心是，「說不定什麼時候就會傳來消息，日本人買走了自由女神像。」

在日本的收購狂潮下，美國公民感到自己正開始被咄咄逼人的日本，趕下世界頭號強國的位置。他們甚至有這樣的擔心——「美國正在變成日本的第四十一個縣」。

日圓升值導致的禍害

但「廣場協議」的最終結果卻是「**日本的出口業被摧毀**」。

日圓升值導致日本所持有的美元資產大幅貶值。據日本國內統計，「廣場協議」導致日本

---

⑯【洛克菲勒中心】一座由十九棟商業大樓組成的建築群，這座建築群是由洛克菲勒家族投資興建，位在曼哈頓中心的中心。洛克菲勒中心號稱二十世紀最偉大的都市計畫之一，區內涵括餐廳、辦公大樓、服飾店、銀行、郵局、書店，甚至還有地鐵通道貫穿。這座建築在一九八七年被美國政府定為「國家歷史地標」，這是全世界最大的私人擁有的建築群，也是現代主義建築及資本主義的地標物。

1950至1990年代，日本經濟年增長率比較

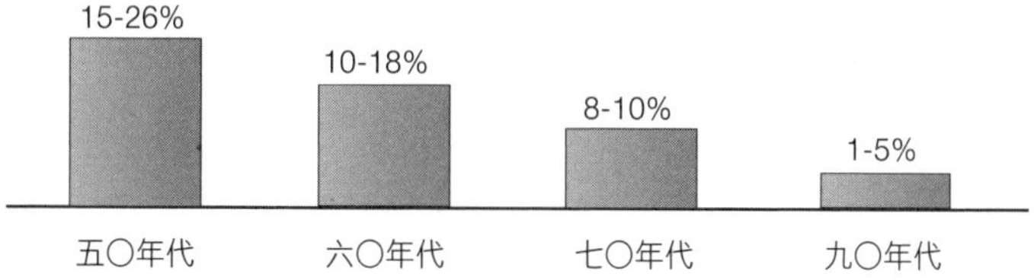

對外淨資產的匯率損失累計為三萬五千億日圓。

據前田匡史介紹，日本跨國企業的預算受到嚴重影響，他們的船運費用出現問題。於是開始在亞洲其他國家建立工廠，因為這些地方不受「廣場協議」的影響。

為了防範國外需求減少給國內帶來的衝擊，日本力圖改變單純依賴對外貿易的經濟增長方式，建立以內需為主導的增長方式。為此日本實施積極的財政政策和擴張性貨幣政策[17]的雙鬆政策組合，日本央行接連五次下調利率。從簽署「廣場協定」一九八五年的五%，降至一九八七年的二・五%，以後又有下降。日本的貸款額度，由二十世紀八〇年代初，與GDP的比例關係還只佔GDP的五〇%，到二十世紀八〇年代末，貸款總額已和全國的GDP數值相當。日本房市價格三年暴漲二倍，股市持續上揚。到二十世紀八〇年代末，東京證券交易所的總市值是其GDP的一・三倍，成為全球市值最大的股票交易所。

那時，焦點從貿易方面的問題轉變成匯率問題。不再是關稅和貿易的問題，而是一個與匯率和宏觀經濟相關的問題。

儘管「廣場協議」影響日本出口業的增長，但是，**日本經濟的平均增長值仍然是當時西方七大工業國中最高的**。二十世紀五〇年

代日本發展的黃金時期，它的經濟年增長率能達到一五%至二六%，到二十世紀六〇年代這一數字達到了一〇%至一八%，二十世紀七〇年代以後，由於受到石油危機的影響，經濟增長有所下降，但是也達到八%至一〇%。直至二十世紀九〇年代日本房地產泡沫和投資過熱的經濟泡沫破裂，才使日本的經濟增長率從一%至五%逐漸滑落到負增長的區間。

日本經濟就像前田匡史所說：「**關鍵的時間點是一九九八年。經濟的崩潰和持續的低利率有關，但最根本的原因是貨幣體系的崩潰**。由於當時的經濟泡沫，很多銀行是根據房地產市場的價格制定貸款的，他們只關注房地產市場，認為房價會持續上漲，但事實是——不是！」

一九九三年，日本出口貿易按日圓結算的比重雖然提高到四二·八%，但到二〇〇〇年一月只有三六·一%，退回到了二十世紀八〇年代中期前後的水準。從進口方面看，一九九五年三月按日圓結算的比重雖然提高到了二四·三%，但其後又轉為下降，二〇〇〇年一月也只回升為二三·五%。

此外，各國外匯儲備[18]中日圓的比重也在下降。一九九一年以來，日圓在世界各國的外匯儲

---

[17]【擴張性貨幣政策】中央銀行採取擴張性貨幣政策，利用公開市場操作，向私人部門購進政府債券。這樣會使社會現金資產增加，債券資產減少，改變的只是財富的構成，但財富持有總額不變。

[18]【外匯儲備】又稱為外匯存底，指一國政府所持有的國際儲備資產中的外匯部分，也就是一國政府保有的以外幣表示的債權。外匯儲備是一個國家貨幣當局持有並可以隨時兌換外國貨幣的資產，是一個國家經濟實力的重要組成部分，是一國用於平衡國際收支、穩定匯率、償還對外債務的外匯累積。廣義上的外匯儲備是指以外匯計價的資產，包括現鈔、國外銀行存款、國外有價證券等。

備中的比重一直呈下降的趨勢，一九九九年底已下降為五．一%，這不僅低於一九九一年底最高的八．五%，而且也低於一九八五年底的七．三%。

同時，銀行對外資產中日圓資產的比重也開始下降。二十世紀九〇年代，在日本各銀行的對外貸款中，日圓貸款的比重一直徘徊在二〇%左右。二〇〇〇年九月底，在已開發國家銀行的對外資產中，日圓資產的比重只為八．七%，大大低於一九八五年底的一四．一%。

在國際債券中，日圓債的比重也在下降。在全世界的國際債券餘額中，日圓債比重自一九九五年底達到一七．三%以後，就一直呈現逐年下降的趨勢，到二〇〇〇年底已下降為

日圓升值，不只給日本帶來了經濟泡沫以及泡沫破滅後的慘痛，同時也給日本出口企業帶來成本上升、競爭力下降的困境。

八．六%，只相當於一九九五年的一半。

日圓升值，不只給日本帶來了經濟泡沫以及泡沫破滅後的慘痛，同時也給日本出口企業帶來成本上升、競爭力下降的困境。以日本汽車工業為例，「廣場協定」簽訂後十年，日本汽車工業出口下降了二〇%。為了應對這種局面，日本企業開始紛紛向外轉移。一九八五年，海外生產比率僅為三%，一九九九年增加至一四%。在這種情況下，日本產業出現「產業空心化」的現象。

所謂「**產業空心化**」，是指以製造業為中心的物質生產和資本，大量而且迅速地轉移到國外，使物質生產在國民經濟中的地位明顯下降，造成國內物質生產與非物質生產之間的比例關係嚴重失衡。

如果按三大產業（指農業、能源、金屬產業）的畫分，世界產業結構演進的一般趨勢是：隨著生產力的發展和技術的進步，第三產業的發展逐步超過第一、第二產業，最終形成以第三產業為主體的產業結構。這種演變趨勢是合乎規律的，但隨之而來的問題是，出現了「產業空心化」現象。

出現「產業空心化」的原因主要是高度發達的國家和城市，由於追求完善的經濟服務，導致大部分物質生產部門都轉移到欠發達的國家和城市。

以製造業為代表的第二產業佔國民生產總值的比重大幅下降，第三產業比重迅速上升，超過了第二產業，以致大於第一、第二產業的總和。有人認為第三產業比重超過六〇%，就是「產業空心化」。

物質產品特別是工業製成品的出口明顯減少，進口逐漸增加並超過出口，以致出現國內物質需求依賴外國進口的供給結構，造成貿易收支（主要是工業品的貿易收支）惡化，甚至轉向逆差。

出口企業大量向外遷移，也造成日本的GDP停止不前。中國交通銀行首席經濟學家連平說：「從一九九三年一直到現在，大約十六年之間，日本的平均經濟增長速度在一%左右的時候是負增長，有的時候可能出現二%的增長。但是大致平均下來就是在一%左右，所以經濟比較低迷。」

9 聰明的德國，聰明的貿易

德國的復興歷程與日本有頗多相似之處，但是在貿易政策上，德國和日本有截然不同的理念和方式。也正因為這些不同，德國經濟恢復迅速，而且更讓人稱道的是，德國很少因為貿易與他國結怨，引發貿易戰爭。德國究竟是怎麼做到的呢？

飛速崛起的德國

飛速崛起的不只有日本，同時還有二次大戰的另一個戰敗國——德國。二十世紀五〇年代，戰敗的德國國土被分割和佔領，原是歐洲最大的工業中心魯爾區，變成死氣沉沉的廢墟。戰後初期調查顯示，美國佔領區一萬二千家工廠中，只有一〇%還在從事有限的生產。

中國國務院發展研究中心世界發展研究所副所長丁一凡表示：「蘇聯從東面攻進來後，佔領了大片德國國土。蘇聯人以一種報復的心理，把德國的機器都拆除、運走了。」

二次大戰戰後初期，六〇%的德國居民處於嚴重的飢餓狀態，柏林的兒童死亡率高達一六%。物質奇缺的同時，德國還爆發了嚴重的通貨膨脹，帝國馬克（德國一九二四年到一九四八年六月期間發行的貨幣）如同廢紙。美國香菸也成了貨幣的替代品，各種商品和服務的價格常以幾支、幾包、幾條香菸計算。美國佔領軍用香菸和食品罐頭大肆換取德國人的金銀、古董、皮毛、相機等商品。

然而，極度混亂的德國在「冷戰」爆發後，因為靠近蘇聯，卻有了新的發展機會。中國華東師範大學歷史學系主任崔丕表示：「當美、蘇關係惡化的時候，德國就成為雙方最重要的爭取對象。」

為了使德國成為美國對蘇聯抗衡中的橋頭堡和安全屏障，美國很快開始對西德採取扶持政策。一九四七年下半年，美國制訂了「馬歇爾計畫」[19]，在四年裡，西德從「馬歇爾計畫」中獲得三六・五億美元援助，這也為西德的崛起注入了一筆大資金。

同時，一九四九年建國後的西德開始擴增教育投資，一九五〇至一九七〇年，平均每一萬居民中的大學生人數從二十一人增加到六十七・九人。此外，在一九五〇至一九七三年，西德購買專利和許可證的支出，從二千二百萬馬克上升到一六・五四億馬克，增長了七十四倍以上。技術的進步和工業生產能力的恢復，使得西德在二十世紀五〇年代展開了「黃金十年」，工業生產年平均增長率高達一一・四%。

中國國務院發展研究中心世界發展研究所副所長丁一凡表示：「德國在戰後有最新的機器，可以製造出最好的產品。所以，西德造的產品在戰後非常有競爭力。當時可以輸出到美國和其他的歐洲國家。」

就在西德苦練內功的同時，美國則協助法國和西德和解，吸引西德加入關貿總協定、北大西洋公約組織、歐洲經濟共同體等國際組織。一個沒有貿易壁壘的巨大國際市場，向西德敞開

從全球來看，西德外貿總額在1953年超過法國，1954年超過加拿大，1962年趕上英國，成為僅次於美國的資本主義世界第二貿易大國，而到20世紀80年代末，西德甚至超過美國，成為當時世界上最大的出口國。

了大門。從一九五〇年到一九七〇年，西德的進出口貿易總額，從四十六億美元猛增到六百四十六億美元，增長了十四倍。從全球來看，西德外貿總額在一九五三年超過法國，一九五四年超過加拿大，一九六二年趕上英國，成為僅次於美國的資本主義世界第二貿易大國。**到二十世紀八〇年代，西德甚至超過美國，成為當時世界上最大的出口國。**

據東北師範大學歷史文化學院教授鄧峰表示：「二十世紀六〇年代德國的造船、機械，還有非常重要的汽車業，也在六〇年代中後期

⓳【馬歇爾計畫】官方名稱為歐洲復興計畫，是二次大戰後美國對被戰爭破壞的西歐各國進行經濟援助、協助重建的計畫，對歐洲國家的發展和世界政治格局產生了深遠的影響，並同時抵制蘇聯和共產主義勢力在歐洲進一步滲透和擴張的計畫。該計畫因當時擔任美國國務卿的喬治·馬歇爾而得名。長期以來也被認為是促成歐洲一體化的重要因素之一。

1950至1970年代，西德貿易順差比較

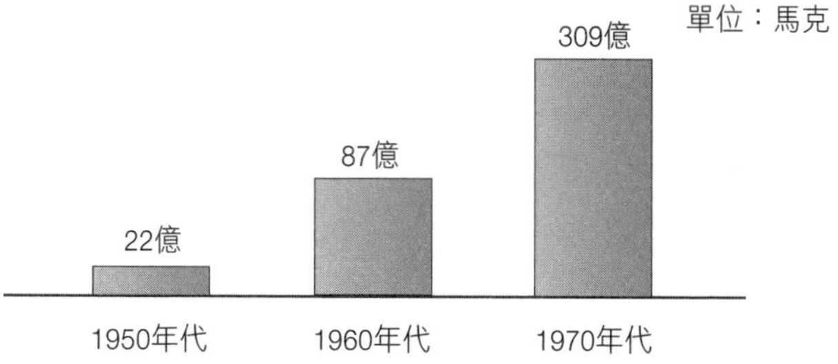

迅速崛起，和日本有比較相似的地方。」

德國人的雙贏策略

奇怪的是，西德從一九五二年就出現對外貿易年年順差。二十世紀五〇年代年平均順差是二十二億馬克，二十世紀六〇年代為八十七億馬克，二十世紀七〇年代更增加到三百零九億馬克。在貿易順差逐步加大的情況下，西德竟然沒有和任何一個國家發生大規模的貿易摩擦，這一點和日本侵入式的出口貿易有天壤之別。

國務院發展研究中心世界發展研究所副所長丁一凡評論：「德國沒有出現故意去損害別的國家的行為，沒有出現貿易障礙，沒有出現任何戰爭式的行為。」

那麼，西德是怎麼做到的呢？首先，**西德儘量分散出口商品的種類**。以一九八七年為例，德國沒有任何一種出口商品能佔到二五％以上的分額，而同年日本機電產品的出口分額竟然佔到七四％。相較之下，西德的做法更不容易引發貿易摩擦。另外，為了避免貿易摩擦，**西德向盡可能多的國家出口產品**，比如大多數公司只把不超過一〇％的商品銷售到美國市場，而日本呢，則

是多年把五〇%以上的商品出口到美國。此外，為了不引起進口國的反感，**西德在向一個國家出口大批商品之後，還會在這個國家進口大批商品**；而日本則不同，他們把商品大量出口到美國，然後向開發中國家大量採購，這樣的做法很容易招致美國不滿。西德採取這些聰明的外貿策略後，最大限度避免了出口國的貿易制裁。

「廣場協議」之後，德國馬克大幅升值同樣讓德國的出口承受衝擊：一九八七年，馬克升值前德國的增長率還保持在三%以上，「廣場協議」簽訂兩年以後，德國經濟增長率則降到一．四%。然而，此後德國在匯率和貨幣上的不同做法，引導德國在「廣場協議」之後走上與日本完全迥異的兩條道路。在貨幣政策方面，日本在一九八九年的存款利率僅不到二%，而德國卻始終維持在「廣場協議」之前的五%左右。德國執政者認為：日本所奉行的是經濟學家凱恩斯所宣導的擴張政策：放寬貸款、增加貨幣。然而降低貸款利率和門檻的方式，只能一次性減少企業的投資成本，企業的經營狀況還是取決於企業的盈利能力。因此，政府的重要工作是提供更好的職業教育環境，改善就業服務，促進經濟增長，而不是一味對經濟直接進行需求刺激，積聚資產泡沫。

幾年之後，德國經濟穩步反彈，一九八八年經濟增長率已經攀升至三．七一%，到一九九〇年更是超過了五%。在經歷了短暫的衰退之後，德國回復到了平穩增長的路徑上。**德國的決策人認為，這時候貿易已經是金融、匯率、宏觀政策的綜合體現**。德國央行更因它的穩健和獨立判斷而獲得世人的肯定。

回顧二次大戰以後到二〇〇〇年的五十多年內，全世界的商品出口總值從六百一十億美元增加到六・一三二八萬億美元，增長了將近一百倍。作為開發中國家的中國、韓國、印度、巴西、南非、俄羅斯等國，依靠豐富的自然資源、低廉的勞動力，在全球產業轉移的過程中，從已開發國家承接了大量產業，改善了收入，提高消費能力，帶動經濟的發展。「**亞洲四小龍**」[20]、「**金磚四國**」[21]相繼成為全球矚目的新興市場。它們的崛起，對原有的貿易格局帶來了巨大衝擊，一場新的貿易變局於是展開了。

---

[20]【亞洲四小龍】從二十世紀六〇年代開始，亞洲的韓國、新加坡、臺灣和香港推行出口導向型策略，重點發展勞動密集型的加工產業，在短時間內經濟突飛猛進。創造所謂「東亞模式」，引起全世界關注，它們也因此被稱為「亞洲四小龍」。

[21]【金磚四國】源自於英文BRICs一詞，是指巴西（Brazil）、俄羅斯（Russia）、印度（India）和中國（China）四國，因這四個國家的英文名稱字首組合而成「BRICs」，發音與英文中的「磚塊」（bricks）一詞非常接近，所以被稱為「金磚四國」。在這四個國家中，巴西被稱為「世界原料基地」和「咖啡王國」；俄羅斯被稱為「世界加油站」；印度被稱為「世界辦公室」；中國被稱為「世界工廠」。

德國議會大廈。在貿易順差逐步加大的情況下，西德竟然沒有和任何一個國家發生大規模的貿易摩擦。

西德儘量分散出口商品的種類，以1987年為例，德國沒有任何一種出口商品能佔到25%以上的分額，如此，西德的做法不容易引發貿易摩擦。

本篇後記

無論是理念相悖的敵人，還是親密無間的盟友，真正在背後產生決定性的，其實就是「利益」。「沒有永恆的朋友，只有永恆的利益。」因此，如何創造雙贏局面，才是我們真正需要研究的命題。

日本竭力追求利潤的最大化，而且將大多數的雞蛋都放在同一個籃子裡，到最後，「吃了我的給我吐出來，拿了我的給我拿回來」。在這方面，日本提供我們一個反面的教材。

而德國在為自己謀求利益的同時，仍盡力創造雙贏的局面，而且廣結財源的做法，也真正印證了「生意興隆通四海，財源廣進達三江」。在這方面，德國提供我們一個正面的案例。

如何借鑒經驗，如何規避教訓，是值得各國思考的問題。

| 第四篇 |

全球化的陰謀與愛情

隨著經濟全球化的形成，世界變得更加精采、更具誘惑力，但同時也變得更加充滿危機。每個人、每個國家都希望從中得到利益，避免受到損害。但在現實中，得與失、成與敗，往往只是一瞬間的事，而且往往無法預測。

前言

《國富論》中的算術題

一七七六年，亞當．斯密在《國富論》中提出一道著名的算術題：假如英國生產每噸生鐵需要五十個勞動日，比法國少五十個勞動日，而生產每噸小麥需要一百個勞動日，比法國多五十個勞動日。那麼，兩國各花一百五十個勞動日，一共能生產二噸生鐵和二噸小麥。但如果根據各自的優勢，英國專門生產生鐵，法國專門生產小麥，同樣各花一百五十個工作日，兩國能生產三噸生鐵和三噸小麥，產量大大增加了。如果再進行公平交易，英國用五十天生產的一噸生鐵交換法國用五十天生產的一噸小麥，那麼，英國可得到二噸生鐵和一噸小麥，比分工前多得到一噸生鐵，而法國可得到二噸小麥和一噸生鐵，比分工前多得一噸小麥。

由此可見，在進行國際分工和自由貿易之後，英、法兩國的產品產量和國民財富都大大提高了。亞當．斯密的這一理論在之後的一百多年裡，一直鼓舞著自由貿易主義者，但實際上它從未真正得到驗證。

因為當時的世界鮮明地呈現為兩大階層，一是英、法這樣的老帝國，和美、日、德這樣的新帝國；二是它們的殖民地。這些殖民地的經濟主權都被新舊帝國控制著。通過國際分工和自由貿易讓帝國和它們的殖民地同步富裕，完全是天方夜譚。

10 開發中國家的艱難選擇

對很多開發中國家來說，是選擇自由貿易？還是選擇貿易保護？的確是個很難回答的問題。盡力保護本土企業的利益，儘量獲得世界市場的利潤，說起來容易，但做起來絕對是一件難以控制的事情。

應該選擇貿易保護？

一九四五年，日本投降，二次大戰正式宣告結束。所有新舊帝國的殖民地掀起了一波接一波的獨立浪潮。當它們取得國家主權的時候，它們也在思考自己該如何參與世界貿易。世界政治的版圖被重新改寫了，世界貿易的版圖也正在發生重大變革。

一九四九年五月，來自拉丁美洲的經濟學家普雷維什，向成立不久的聯合國拉丁美洲經濟委員會，提交一份題為《拉丁美洲的經濟發展及其主要問題》的報告。在這份報告中，普雷維什利用聯合國在同年二月發表的一份文件，《不已開發國家進口品和出口品的相對價格》所提供的資料，分析了一八七六年至一九三八年英國進出口產品的平均價格指數[1]。他發現英國作

普雷維什，20世紀「享有最高國際聲望的拉丁美洲經濟學家之一」，被公認為「開發中國家的理論代表」。中國南開大學出版社出版，董國輝著作的《蘇爾·普雷維什經濟思想研究》對他進行有系統的研究。

為世界經濟的中心，進口的主要是初級產品[2]，出口的主要是工業製成品，所以，它的進口和出口可以分別代表這一時期初級產品和工業製成品的世界價格。而在這半個多世紀裡，英國出口的工業製成品價格不斷走高，而進口的初級產品價格不斷走低。同樣的初級產品到二十世紀三〇年代，只能交換到十九世紀七〇年代所能交換到的工業製成品的六四%。

普雷維什認為，開發中國家這種貿易條件的不利趨勢，是殖民時代遺留下來的國際分工的必然結果。在傳統的國際勞動分工下，世界經濟被分成兩個部分：一個是「**大的工業中心**」，另一個是「**為大的工業中心生產糧食和原材料**」的「**周邊**」。由這種國際分工所形成的「中心—周邊」體系，從一開始就存在著極大的差異性和不平等性，滋生諸多不利於周邊國家初級產品貿易條件的內在因素。

第一，技術進步的利益在中心與周邊之間的不平等分配，是造成後者貿易條件長期惡化的重要機制。普雷維什認為，傳統的國際貿易和國際分工理論雖然從邏輯上說是正確的，但其前提條件與現實狀況相去甚遠，因而只適用於中心國家之間，不適用於中心與周邊之間。他說：「真實的情況是，關於國際勞動分工的經濟優勢的推論從理論上說是正確的，但是人們常常遺忘的是，它是建立在被事實證明是錯誤的假定基礎上。」

因為在「中心－周邊」的體系中，「中心」首先發生技術進步，是技術創新者和發展的動力，它以向「周邊」出售工業製成品為主；「周邊」則是經濟和技術落後的地區，它主要從事初級產品的專業化生產和出口。一般說來，工業部門更容易吸收新技術，技術水準更高，工業技術進步會提高工業生產率，使工業的要素收入增加，提高製成品的價格。而初級產品部門技術落後，勞動生產率低，投入要素的邊際收益遞減，因而其價格較低。這就造成周邊國家的初級產品在國際市場上價格，相對製成品而言呈現出下降趨勢。

第二，貿易週期運動對「中心」與「周邊」的不同影響，也是周邊國家貿易條件長期惡化的重要原因。普雷維什認為，在貿易週期的上升階段，製成品和初級產品的價格都會上漲，而且「初級產品價格的上升要快於工業品價格的上升」；但在貿易週期的下降階段，由於製成

❶【價格指數】表示在給定的時段裡，一組商品的平均價格如何變化的一種指數。在計算平均數時，不同商品的價格一般要根據其經濟重要性作加權處理。價格指數是反映不同時期商品價格水準的變化方向、趨勢和程度的經濟指標，是研究價格動態變化的一種工具，它為制定、調整和檢查各項經濟政策，特別是價格政策提供依據。

❷【初級產品】又稱原始產品，指未經加工或因銷售習慣而略作加工的產品，如天然橡膠、原油、鐵礦石等產品；也指人們通過勞動，直接從自然界獲得的、尚待進一步加工或已經簡單加工的產品。按照聯合國《國際貿易標準》分類，初級產品分為食品、飲料、農礦原料、動植物油脂和燃料五大類，是開發中國家的主要出口商品，約佔發展中國家出口總值的四分之三，大部分輸往已開發國家。

品市場具有壟斷性質，初級產品價格下跌的程度要比製成品嚴重得多。這樣，貿易週期反覆出現，意味著初級產品與製成品之間價格差距不斷拉大，從而使周邊國家的貿易條件趨於惡化。另一方面，在貿易週期的上升階段，由於企業家之間的競爭和工會的壓力，工業中心的工資上漲，部分利潤用來支付工資的增加。到危機期間，由於工會力量強大，上漲的工資並不因為利潤的減少而下調。周邊國家的情況卻不同。雖然在經濟繁榮時期，周邊國家的工資也會適當地上漲，但當貿易週期的下降階段來臨時，由於初級產品部門工人缺乏工會組織，沒有對工資進行談判的能力，再加上存在大量剩餘勞動力的競爭，周邊國家的工資和收入水準就被壓低。這樣，在工資成本上，貿易週期的不斷運動使製成品的價格相對上升，而初級產品價格相對下降，有時甚至是絕對下降。周邊國家貿易條件不斷惡化當然就不可避免了。

第三，初級產品不利的需求條件，則是周邊國家貿易條件長期惡化更重要的原因。根據恩格爾定律❸在國際貿易中的應用，隨著一個國家收入的增長，總收入中分配給初級產品部門的比重將下降，分配給製成品生產部門的部分會上升。假如，初級產品和製成品的需求收入彈性一致，那麼，初級產品與製成品的生產、供求和貿易將趨於平衡。然而，普雷維什指出，初級產品的需求收入彈性大大低於製成品。這樣，實際收入的增加，就會引起製成品需求更大程度的增加；同樣根據恩格爾定律來看，收入的這種增加，對於食物和原始材料等初級產品的需求來說，不會產生同樣的效果。此外，製造業的技術進步，往往會減少單位產品的原始材料消耗量，這樣所形成的節約就抑制了初級產品的需求量；大量合成產品的出現，更是直接替代了對天然原始材料的需求。

最後，世界經濟動力中心的低進口係數，同樣要對初級產品貿易條件的惡化負責。普雷維什認為，英國是十九世紀世界經濟體系的動力中心，它的進口係數很高，一般都在三〇％至三五％，而且在整個十九世紀幾乎都在提高，因此，周邊國家就能夠抵消其初級產品收入彈性較低的不利影響。但是，從十九世紀後期起，美國逐步成為世界的動力中心，它的進口係數非常低，一般在三％至五％之間，再加上它擁有豐富的自然資源和保護主義政策，給周邊國家的初級產品生產帶來極為不利的影響：美國的低進口係數就意味著對其他國家產品的需求較小，包括對周邊國家初級產品的需求。

普雷維什由此得出結論：開發中國家初級產品的貿易條件存在長期惡化的趨勢，它們的國民財富，一直被已開發國家透過貿易手段掠奪著。

普雷維什的理論影響了亞洲、非洲和拉丁美洲的許多開發中國家，它們實行一種進口替代策略❹。首先通過關稅保護和進口配額，把已開發國家的工業製成品擋在門外，並通過種種扶持

❸【恩格爾定律】十九世紀德國統計學家恩格爾，根據統計資料由消費結構的變化得出一個規律：一個家庭的收入越少，家庭收入中（或總支出中）用來購買食物的支出所佔的比例就越大；隨著家庭收入的增加，家庭收入中（或總支出中）用來購買食物的支出會下降。同理，一個國家越窮，每個國民的平均收入中（或平均支出中）用於購買食物的支出所佔的比例就越大，隨著國家變富裕，這個比例呈下降趨勢。

❹【進口替代策略】指一國採取各種措施，限制某些外國工業品進口，促進本國有關工業品的生產，逐漸在市場上以本國產品替代進口品，為本國工業發展創造有利條件，實現工業化，又稱進口替代工業化政策。一般做法是國家通過給予稅收、投資和銷售等方面的優惠待遇，鼓勵外國私人資本在本國設立合資或合作方式的企業；或通過來料和來件加工等貿易方式，提高工業化的水準。

政策發展本國的民族成本土工業，從而實現進口替代；其次，它們使本國貨幣升值，以降低進口商品的成本，減輕外匯不足的壓力。

還是選擇自由貿易？

開發中國家的貿易保護引起了已開發國家的強烈不滿，西方經濟學家們也對普雷維什的理論展開激烈批判，形成歷時數十載的「貿易條件之爭」。

美國經濟學家雅各．瓦伊納可以說是這場批判的開路先鋒。一九五〇年七月到八月間，他在巴西國立大學的一系列講座中指出，「普雷維什命題」中所暗含的：把農業和礦業等初級產品等同於貧困的推論是沒有根據的。他認為：「貧困國家的實際問題並不是農業或缺乏製造業，而在於貧窮的農業，或者貧窮的農業和貧窮的製造業。」

也就是說，農業並不等於貧困，工業也不等於富裕。一個國家在國際分工體系中的地位，取決於其在工業或農礦業中的比較優勢，而不是取決於它所從事的產業部門的特性。

同時，瓦伊納還指出，「普雷維什命題」中初級產品與製成品之間貿易條件的比較，沒有考慮二者在品質上的變化，因而是有偏差的。他認為，在一八七六至一九三八年間，製成品的品質都有很大的提升，而初級產品「絕大部分在品質上不是更優越……在某些情況下甚至更低劣了」。

一九五六年夏季號的《泛美經濟事務》雜誌上刊登了一篇題為〈初級產品生產國與工業化國家之間的貿易條件〉的論文，對「普雷維什命題」有較為系統的批評。

該論文的作者艾斯沃斯提出，在一八七六至一九三三年間，初級產品的貿易條件相對工業製成品而言，的確下降了四六%，但這種下降不像普雷維什所說的是：持續不斷下降，而是包括了三個特別的階段：

第一階段（一八七六至一九〇五年）的下降主要是運輸費用下降所致；第二階段（一九一三至一九二九年）主要是戰爭導致的初級產品價格過高的回復；只有在第三階段（一九二九至一九三三年），初級產品貿易條件惡化的特點才「部分地證實了普雷維什博士的解釋」。

艾斯沃斯認為，普雷維什所使用的是來自英國海關的統計材料，開發中國家出口使用的價格指數，是進口到英國市場的到岸價，而它們進口使用的價格指數，則是英國出口的離岸價，因而「初級產品價格的相對下降，就受到運費顯著下降的嚴重影響」。以黃麻、羊毛和稻米為例，在一八八四至一九〇三年間，運費下降在它們的價格下降中的比重，分別為一四三%、一〇〇%和二〇二%。而普雷維什在考察開發中國家初級產品貿易條件時，根本就沒有考慮這些因素，所以說他使用這些資料所得出的結論出現很大的誤差。

不過，二十世紀五〇年代期間，對「普雷維什命題」最全面、最徹底也是最激烈的批判，來自哈佛大學的戈特弗里特·哈伯勒教授。他聲稱：「貿易條件在開發中國家顯示出長期惡化趨勢的理論已經變得很普遍了……在我看來，這些所謂的歷史事實缺乏證據，它們的解釋是錯誤的，推斷是草率的，政策結論則是不負責任的。」

因此，哈伯勒從多個方面對「普雷維什命題」進行批判：

首先，哈伯勒反對普雷維什認為國際分工體系，是開發中國家經濟落後的主要根源的觀

美國哈佛大學的戈特弗里特·哈伯勒教授。他在20世紀50年代期間，對普雷維什命題進行了最全面、最徹底，也是最激烈的批判。

點。他認為，「比較成本說」同樣也適用於開發中國家，以該理論為基礎的國際分工同樣會給開發中國家帶來利益。他說：「國際分工和國際貿易，由於它們能夠使每一個國家都專門從事其成本較低的商品的生產，並以之交換到他國能夠以較低成本供應的其他商品，在過去與現在，這都是增進一個國家經濟福利，和提高其國民收入的基本因素之一……貿易既然能提高收入水準，也就能促進經濟發展。所有這些對高度發達的國家與不已開發國家同樣適用。」

其次，哈伯勒認為「普雷維什命題」所用的統計材料是不全面的。他指出，普雷維什得出開發中國家貿易條件長期惡化結論所使用的統計資料，均來自聯合國一九四九年發布的文件〈開發中國家出口與進口的相對價格〉。該文件完全是以英國進出口貿易的每年指數為基礎，不具有代表性，因而不可能得出「開發中國家貿易條件長期惡化」的結論。

第三，哈伯勒認為，「普雷維什命題」中對初級產品與製成品、「中心」與「周邊」的對應歸位元是不科學的。他指出，不能完全用製成品與初級產品來分別代表工業中心和不發達周邊各自的出口品，因為「即使在整個世界都實現了工業化的時候……許多國家仍然會保留其在農業上的比較優勢，因而繼續充當農產品出口國。美國、澳大利亞、丹麥和荷蘭就是引人注目的例證。」

第四，哈伯勒指出，普雷維什用來解釋貿易條件惡化的兩條主要理由——工業國家對技術進步的壟斷和恩格爾定律的作用，同樣是不成立的。他說：「在十九世紀初期，特別是在經濟自由主義和自由貿易崛起以前，確實存在阻止機械設備和技術知識出口的企圖……但現在，資本品製造者之間的競爭要比一百年前大得多，因為現在有許多國家供應資本品、機械設備和技術知識，而一百年前卻只有英國才有此能力。」至於普雷維什的第二條理由，哈伯勒則明確地指出：「恩格爾定律只適用於對食品的需求，而不是對所有原始材料的需求。」

綜上所述，哈伯勒得出結論說：「有足夠的證據表明，不已開發國家貿易條件長期惡化的理由是完全沒有根據的，建立在其基礎之上的政策建議，則缺乏任何有效的基礎。」

此外，從二十世紀五〇年代中期起，鮑爾德溫、哈伯勒和傑拉爾德·邁耶等學者就先後指出，普雷維什的貿易條件惡化論所宣揚的「出口悲觀主義」是沒有理論依據的，在實踐上也找不到經驗證據。

法國經濟史學家保羅·貝羅奇，在對「普雷維什命題」進行抽絲剝繭地批判後，提出與普雷維什截然相反的論點。貝羅奇認為，普雷維什證明其命題的過程，至少出現以下幾個方面的錯誤：

第一，比較初級產品與製成品的相對價格時作選擇的最後期限不當。貝羅奇指出，根據國際聯盟提供的資料，一八七六／一八八〇至一九三六／一九三八年間，初級產品的相對價格惡化了四三%，而一八七六／一八八〇至一九三一／一九三五年間，則下降了五九%。但是，如果僅將時間計算到一九二六至一九二九年，初級產品的貿易條件只惡化了七%。一八九六／一九〇〇至一九二六和一九二九年間，更是上升了三%。

第二，使用英國工業品的出口價格指數，來代表整個世界工業品出口的價格指數，同樣是不恰當的。貝羅奇比較了施洛特、路易斯和金德爾伯格等人，計算的一八七二至一九二八年間出口工業品價格指數，得出了差別極大的結果。施洛特使用的是英國進出口價格指數的平均數，價格指數上升了三三%；路易斯將英國與美國的指數平均起來，則僅上升二六%；而金德爾伯格考慮的歐洲工業指數實際下降一三%。

第三，普雷維什沒有考慮製成品與初級產品計價方法的不同，沒有考慮運輸成本對雙方的不同影響。貝羅奇提出，如果將各種要素都列入考慮，就會得出一個與普雷維什命題相反的結論：一八七二至一九二八年間，初級產品的價格指數上升一〇%至一二%，而製成品的價格指數基本上是穩中微降。

法國經濟史學家保羅．貝羅奇，在對「普雷維什命題」進行抽絲剝繭的批判後，提出了與普雷維什截然相反的論點。

開發中國家的最終選擇

在西方自由貿易理論的支持下，一些親西方的開發中國家改弦易轍，實行以出口為導向[5]的新策略，鼓勵本國企業出口，並鼓勵本國出口企業大量進口國外的資本、中間產品和技術專利，同時使本國貨幣貶值以增加國際競爭力。現今很多人也許對當時採取加工貿易來盈利並不認同，但這種方式和當時的許多國家的國情卻是相符的。

二十世紀五〇年代到六〇年代，印度和韓國的年增長率都是四％，但六〇年代初韓國放棄進口替代政策，選擇出口導向經濟後，一九六三至一九七二年年增長率達到了九．五％。禁止一切產品進口、埋頭發展國內生產的印度，在一九六五至一九八一年間年增長率只有三．二％。

中國人民大學經濟學院教授黃衛平分析說：「儘管開發中國家有資源，但是以人均計算的資源未必很豐富，除了出口導向，它還能有什麼選擇？在當時那種情況下，主要市場在歐美，開發中國家缺乏資金和其他資源，僅能利用勞動力便宜的優勢來發展，不堅持出口導向又能怎麼辦？」

韓國、新加坡、臺灣和香港，都是資源極度匱乏而且人口規模較小的國家和地區，它們

[5]【出口導向】以生產出口產品來帶動本國經濟的發展，經濟發展主要由國際市場來推動。

無法通過初級產品的出口，來發展經濟，以出口為導向的勞動密集型產業，成為它們的最佳選擇。

在二十世紀的六〇年代至七〇年代，美國、歐洲、日本的貿易戰越來越激烈，為了降低成本，已開發國家的跨國公司開始選擇貿易環境優良、勞動力便宜的地區，作為它們的加工基地。「亞洲四小龍」通過承接工業化國家的產業轉移，不斷獲得外來的資金和技術，貿易量因此出現爆炸式的增長。

臺灣一九七〇年的出口總值是一九六〇年的九倍，一九八〇年是一九七〇年的十三倍；韓國一九八〇年的出口總值是一九六〇年的五百三十四倍；新加坡一九八〇年的出口總值是一九六五年的二十多倍。**在出口導向的協助下，「亞洲四小龍」迅速成為世界貿易的新生力量**。「亞洲四小龍」這種極為突出的共性，也使得包括世界銀行、亞洲銀行紛紛告訴開發中國家，**出口導向才是開發中國家的唯一出路**。

一九七〇年，英國牛津大學經濟學教授利特爾，在考察巴西、印度、墨西哥、巴基斯坦、菲律賓及臺灣的工業化發展經驗後，發表一份影響深遠的報告。他認為，進口替代策略嚴重降低了經濟效率、抑制出口、加劇失業，並且導致國際收支惡化。

一九八二年，拉丁美洲債務危機[6]爆發，拉丁美洲國家紛紛放棄進口替代策略並轉向出口導向。進入二十世紀八〇年代中期，東歐和前蘇聯等相繼發生巨變，**市場經濟取代了原來的計畫經濟**，全球貿易出現新的格局。

各國內部都在減少貿易和投資方面的限制。這種政策和戰略上的調整，在全球範圍內，過

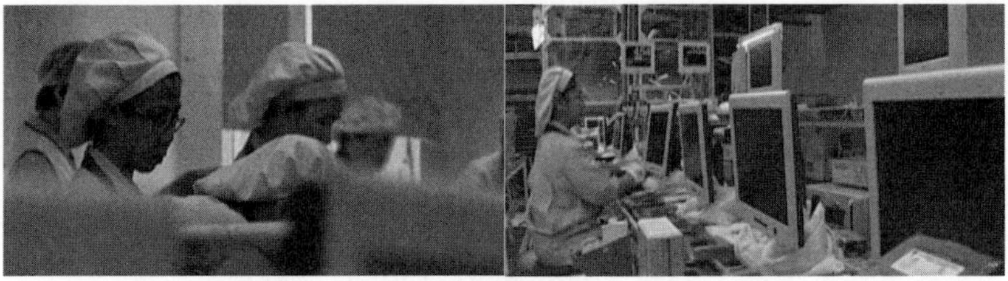

「亞洲四小龍」通過承接工業化國家的產業轉移，不斷獲得外來的資金和技術。在出口導向的協助下，「亞洲四小龍」迅速成為世界貿易的新生力量。這說明出口導向才是開發中國家的唯一出路。

去是很少有的。這樣同時的、同方向的變化，形成了全球範圍內促進貿易和生產全球化的浪潮。

一九八五年「廣場協議」簽訂之後，日圓出現大幅升值。為了降低日本產品的成本，維持「日本製造」的國際競爭力，日本本土的製造企業對「亞洲四小龍」和東南亞地區進行大量投資。繼「亞洲四小龍」之後，又崛起了「亞洲四小虎」。一九八六年，東盟地區的出口總量為八百三十億美元，十年之後，出口總量上升到三．三三〇六萬億美元，增長了四倍。

「**亞洲四小虎**」**是指泰國、馬來西亞、印尼和菲律賓四國**。這四個國家的經濟在二十世紀九〇年代像二十世紀八〇年代的「亞洲四小龍」一樣突飛猛進，因而得名。

「廣場協議」的結果就是，摧毀了日本的出口業。也使日本出口成為更加全球化的行業。豐田、索尼、松下等跨國企業

❻【債務危機】指在國際借貸領域中大量負債，超過了借款者自身的清償能力，造成無力還債或必須延期還債的現象。衡量一個國家外債清償能力有多個指標，其中最主要的是外債清償率指標，也就是一個國家在一年中外債的還本付息額佔當年或上一年出口收匯額的比率。一般情況下，這一指標應保持在二〇％以下，超過二〇％就說明外債負擔過高。

1960年代至1990年代，跨國公司與海外分支機構增長比較

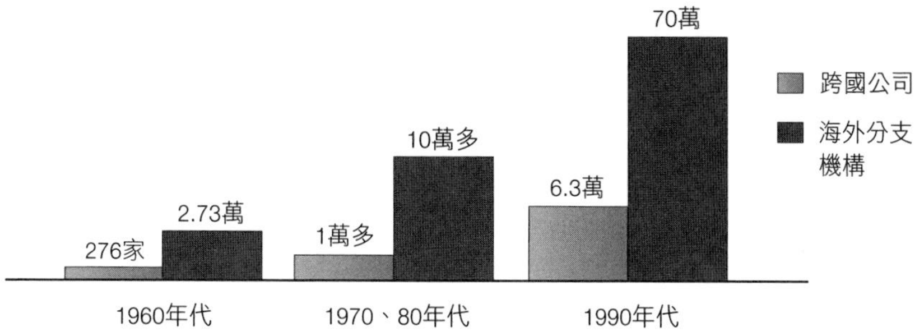

的預算受到極大的影響，他們的船運費用出現問題，於是開始在亞洲其他國家建立工廠，在泰國、馬來西亞等國家投資，因為那些國家的貨幣沒有受到「廣場協議」的影響。應該說，「廣場協議」對亞洲經濟，以至於世界經濟的影響都非常大。因為日圓升值以後，接下來「亞洲四小龍」也面臨貨幣升值的問題。跟這種調整相關的，是「亞洲四小龍」和日本的勞動密集型產業向外轉移的過程。

當全球的貿易門檻大大降低的時候，資本必然要在全球配置更便宜的資源，和更廉價的勞動力，來追逐更大的利潤。

據聯合國有關機構統計，在二十世紀六〇年代後期，跨國公司的總數只有二百七十六家，海外分支機構為二萬七千三百家；到二十世紀七〇年代末八〇年代初，跨國公司數量已增至一萬多家，其海外分支機構達十萬多家；而到了一九九九年，跨國公司增加到了六萬三千家，其海外分支機構則達到七十萬家。

自由貿易推動了跨國投資，也推動國際分工和產業轉移的不斷升級，印證了當初亞當．斯密的命題。

11 世界再次被連結在一起

世界再次被連結在一起了。這一次不是地理上的連結，而是經濟上的連結。「經濟全球化」讓各國展開從未如此親密的「近距離接觸」。在利益變得更巨大的同時，危險也變得更大。

經濟全球化

一九八五年，美國人萊·特維提出一個著名的概念：「經濟全球化❼」。他認為，在跨國商品、服務貿易以及國際資本的流動下，各國的經濟正在漸趨緊密。只要積極參與國際貿易和國際分工，就能獲得發展，如果誰拒絕全球化，誰就會被拋到全球經濟發展的列車之外。在書中他不斷用「東亞奇蹟」來闡述他的觀點，但誰也沒有想到，一場全球化引發的危機正悄悄地來臨，它首先侵襲的就是那些剛剛創造了神話的東亞國家。

❼【經濟全球化】世界經濟活動超越國界，通過對外貿易、資本流動、技術轉移、提供服務，相互依存、相互聯繫而形成的全球範圍的有機經濟整體（也就是世界經濟日益成為一個緊密聯繫的整體）。「經濟全球化」是當代世界經濟的重要特徵之一，也是世界經濟發展的重要趨勢。（續下頁）

一九九三年，柯林頓就任美國第四十二任總統，這時美國正深陷經濟疲軟，財政赤字與貿易赤字，「雙赤字」並存的局面。

為了解決困境，柯林頓政府首先變革的就是美元政策，開始策畫美元升值。雖然美元升值不利於美國的製造業出口，但是能夠吸引國際資本，有利於金融市場繁榮。

一九九五年四月二十日，在美國財政部長魯賓的主導下，美國和七國集團[8]的成員聯手，共同干預外匯市場。美元對西方主要貨幣出現大幅度升值，對日圓匯率從一比七九．七五上升到一九九八年中期的一比一四七，升幅達八五%；對德國馬克匯率也從一比一．三四上升到一比一．八四，升幅達三七．三%。

美元在短期內的大幅升值，導致全球資金迅速流向美國，同時也讓過度依賴出口的東南亞國家和地區陷入了危機。由於東南亞經濟體的貨幣幾乎都和美元掛鈎，美元急升帶動了這些經濟體的貨幣急速升值，出口產品的競爭力大幅下降。

美元剛升值不久，從一九九五年第二季度開始，印尼、韓國、泰國等國家的出口迅速下跌，出現巨額外貿逆差。另外，投資在這些國家的外資也紛紛回流美國，短短幾個月內，這些國家的外匯儲備急劇減少。到一九九六年，印尼國際收支帳戶的赤字佔國內生產毛額的比重達三%，韓國五%，馬來西亞六%，泰國九%。它們已經沒有實力抵禦西方金融大鱷的獵殺了。

一九九七年的東南亞金融危機

一九九七年三月三日，泰國中央銀行宣布國內九家財務公司，和一家住房貸款公司，存在資產品質不高以及流動資金不足等問題。美國投資大亨索羅斯認為這是千載難逢的機會，這是對泰國金融體系可能出現危機的暗示，便先發制人，下令拋售泰國銀行和財務公司的股票。儲戶在泰國所有財務及證券公司大量提款。此時，以索羅斯為首的手持大量東南亞貨幣的西方對沖基金聯合，一致大舉拋售泰銖。在他們的圍攻之下，泰國外匯市場立刻波濤洶湧、動盪不安。泰銖一時難以抵擋，不斷下滑。一九九七年五月份最低跌至一美元兌換二六．七〇泰銖。

二十世紀九〇年代以來，以資訊技術革命為中心的高新技術快速發展，不僅衝破了國界，也縮小了各國和各地的距離，使世界經濟越來越融為整體。但「經濟全球化」是一把「雙刃劍」，它推動了全球生產力的發展，加速了世界經濟增長，為少數開發中國家追趕已開發國家提供了一個難得的歷史機遇；與此同時，也加劇了國際競爭，增多了國際投機，增加了國際風險，並對國家主權和開發中國家的民族工業造成嚴重衝擊。更嚴重的是，在「經濟全球化」中，由於實力不同，已開發國家和跨國公司得利最多，而開發中國家所得甚少。因此，開發中國家與已開發國家的差距拉大，一些最不已開發國家將被排除在「經濟全球化」之外，越來越被「邊緣化」，甚至成為已開發國家和跨國公司的「新技術殖民地」。目前，「經濟全球化」已顯示出強大的生命力，並對世界各國經濟、政治、軍事、社會、文化等所有方面，甚至包括思維方式等，都造成巨大的衝擊。這是一場深刻的革命，任何國家也無法迴避，唯一的辦法是去適應它，積極參與「經濟全球化」，在歷史大潮流中接受檢驗。

❽【七國集團】八國集團的前身。八國集團，指的是七大工業國：美國、英國、法國、德國、義大利、加拿大、日本，加上俄羅斯。二十世紀七〇年代，世界主要資本主義國家的經濟形勢一度惡化，接連發生的「美元危機」、「石油危機」、布雷頓森林體系瓦解，和一九七三至一九七五年的嚴重經濟危機，把西方國家弄得焦頭爛額。為共同解決世界經濟和貨幣危機，協調經濟政策，重振西方經濟，一九七五年七月初，法國首先倡議召開由法國、美國、日本、英國、德國和義大利六國參加的最高元首會議，後來，加拿大、俄羅斯分別加入。八國集團成員國的元首每年召開一次會議，即八國集團元首會議。

泰國中央銀行傾全國之力，於一九九七年五月中下旬展開一場針對索羅斯的反圍剿行動，目的在打垮索羅斯的惡行，使其知難而退，不再率眾對泰銖發難。

泰國中央銀行第一步便是與新加坡組成聯軍，動用約一百二十億美元的鉅資吸納泰銖；第二步動用行政命令，嚴禁本地銀行拆借泰銖給索羅斯大軍；第三步則大幅調高利率。三管齊下，反擊有力，致使泰銖在一九九七年五月二十日升至新的高位。

由於銀根[9]驟然抽緊，利息成本大增，索羅斯大軍一時措手不及，損失了三億美元，挨了當頭一棒。

然而，索羅斯畢竟是個投資老手。憑直覺，他認為泰國中央銀行所能使出的全盤招術，就這些了。三億美元的損失根本無法嚇退索羅斯。從某種程度上來說，索羅斯認為，他已經贏定了。對於東南亞諸國而言，最初的勝利只不過是大難臨頭前的迴光返照，挽救不了東南亞金融危機的命運。

一九九七年六月下旬，索羅斯籌集了數目更龐大的資金，再度向泰銖發起猛烈攻勢。剎那間，東南亞金融市場上狼煙再起，硝煙瀰漫。泰國上下一片混亂，泰銖狂跌不止，各大交易所瘋狂賣出泰銖。

泰國政府動用了三百億美元的外匯儲備和一百五十億美元的國際貸款，力挽狂瀾。但這區區四百五十億美元的資金，相對於重量級的國際遊資來說，猶如杯水車薪，無濟於事。泰國中央銀行歷經短暫的戰鬥，便宣告「彈盡糧絕」，面對鋪天蓋地而來的索羅斯「大軍」，他們想讓泰銖保持固定匯率已經力不從心。

一九九七年七月二日，泰國政府由於再無力與索羅斯抗衡，只得拿出最後一招，不得已改變了維繫十三年之久的貨幣聯繫匯率制，實行浮動匯率。不料，這早在索羅斯的預料當中，他早已為此進行了各種準備。索羅斯展開各種反措施執行之後，泰銖更是狂跌不止。這一年七月二十四日，泰銖對美元降至三二．五比一，再創歷史最低點。泰國政府一下子被國際投機家捲走了四十億美元，許多泰國人的腰包也被掏個精光。

索羅斯初戰告捷，但他並不滿足，決定席捲整個東南亞。索羅斯颶風很快就掃蕩到印尼、菲律賓、緬甸、馬來西亞等國家。印尼盾、菲律賓比索、緬元、馬來西亞令吉紛紛大幅貶值，印尼盾貶值最嚴重達七〇％以上。同期，這些國家和地區的股市跌幅達三〇％至六〇％。據估算，在這次金融危機中，僅匯市、股市下跌，造成東南亞國家和地區的經濟損失，就達一千億美元以上。受匯市、股市暴跌影響，這些國家和地區出現了嚴重的經濟衰退，工廠倒閉、銀行破產、物價上漲，一片慘不忍睹的景象。這場掃蕩東南亞的索羅斯颶風，一舉颳走了百億美元

❾【銀根】金融市場上的資金供應。因中國一九三五年法幣改革以前曾採用銀本位制，市場交易一般都用白銀，所以習慣上稱資金供應為銀根。如果市場上資金供不應求，稱為「銀根緊俏」或「銀根緊」；相對的，市場上資金供過於求，則稱為「銀根寬鬆」或「銀根鬆」。在現代經濟生活中，銀根一詞往往也被用來借喻中央銀行的貨幣政策。一國中央銀行或貨幣當局，為減少信貸供給、提高利率、消除因需求過盛，而帶來的通貨膨脹壓力，所採取的貨幣政策，稱為緊縮銀根。相對的，為阻止經濟衰退，通過增加信貸供給、降低利率、促使投資增加、帶動經濟增長而採取的貨幣政策，稱為放鬆銀根。緊縮銀根和放鬆銀根都是通過一定的貨幣政策工具來實現的，如公開市場業務、調整法定準備金率和再貼現率。銀根過緊或過鬆，都會給經濟帶來不利影響，因此，適時適量調整銀根是十分必要的。

1997年，「索羅斯颶風」掃蕩東南亞，各國貨幣大幅貶值

	對美元匯率		國民生產毛額（10億美元）	
	1997年6月	1997年7月	1997年6月	1998年7月
泰國	24.5泰銖	41	170	102
印尼	2380印尼盾	14151	205	34
菲律賓	26.3比索	42	75	47
馬來西亞	2.5令吉	4.1	90	55
韓國	850韓元	1290	430	283

的巨大財富，使這些國家幾十年的經濟增長化為灰燼。

掃蕩完東南亞，索羅斯那只看不見的手又悄悄地伸向剛剛回歸中國的東方明珠——香港。

一九九七年七月中旬，港幣遭到大量投機性的拋售，港幣匯率受到衝擊，一路下滑，已跌至一美元兌換七．七五港元的心理關口。香港金融市場一片混亂，各大銀行門前擠滿了擠兌的人群，港幣匯兌多年來首度告急。香港金融管理當局立即入市，強行干預市場，大量買入港幣，以使港幣對美元匯率維持在七．七五港元的心理關口上。

在最初的一週裡，確實取得了預期的效果。但不久，港幣對美元匯率就跌破了七．七五港元的關口。香港金融管理局再次動用外匯儲備，全面干預市場，將港幣匯率又拉升至七．七五港元，顯示了強大的金融實力。索羅斯第一次試探性的進攻，在香港金融管理局有力地防守中失敗了。

索羅斯不是個輕易罷休的人，他開始對港幣進行大量的遠期買盤，準備再造東南亞金融危機的輝煌。但這次索羅斯的決策可算不上英明，他也許忘了考慮香港背後的祖國；香港和內地的外匯儲備達二千多億美元，加上臺灣和澳門，外匯儲備不少於三千七百四十億美元，如此強大的實力，不是泰國等可以比擬的。索羅斯此番襲擊港幣，勝算並不大。

對於香港而言，維護固定匯率制就是維護人們信心的保證，一旦固定匯率制在索羅斯等率領的國際游資的衝擊下失守，人們將對香港失去信心，進而毀滅香港的繁榮。所以保衛香港貨幣穩定，註定是一場你死我活的戰役。香港政府不惜一切代價反擊對港幣的挑戰。

一九九七年七月二十一日，索羅斯開始發動新一輪的進攻。當日，美元對港幣三個月遠期升水[10]二百五十點，港幣三個月同業拆借利率[11]從五．五七％升至七．〇六％。香港金融管理局立即於次日精心策畫了一場反擊戰。香港政府通過發行大筆政府債券，抬高港幣利率，進而推動港幣對美元匯率大幅上揚。同時，香港金融管理局對兩家涉嫌投機港幣的銀行提出口頭警告，使一些港幣投機商戰戰兢兢，最後選擇退出港幣投機隊伍，這無疑削弱了索羅斯的投機

---

[10]【升水】（Premium）在貨幣市場中，升水指為判斷遠期或期貨價格而向即期價格中添加的點數。與貼水（Discount）相對稱。

[11]【同業拆借利率】金融機構同業之間的短期資金借貸利率。它有兩種利率，拆進利率表示金融機構願意借款的利率，拆出利率表示金融機構願意貸款的利率。同業拆借利率是拆借市場的資金價格，是貨幣市場的核心利率，也是整個金融市場上具有代表性的利率，它能夠及時、靈敏、準確地反映貨幣市場乃至整個金融市場短期的資金供求關係。同業拆借率持續上升反映資金需求大於供給，預示市場流動性可能下降；當同業拆借利率下降時，情況相反。

有人稱呼索羅斯為「金融殺手」、「魔鬼」，但索羅斯從不隱瞞他作為投資家，以追求最大利潤為目標，他曾為自己辯解說，他投機貨幣只是為了賺錢。在交易中，有些人獲利，有些人損失，這是非常正常的事，他並不是想加害誰。

力量。當港幣又開始出現投機性拋售時，香港金融管理局大幅提高短期利率，使銀行間的隔夜貸款利率暴漲。這一連串的反擊使索羅斯的香港征戰未能討到任何便宜。

有人索羅斯稱呼為「金融殺手」、「魔鬼」，因為他所率領的投機資金在金融市場上興風作浪，搜刮了許多國家的財富，掏空了成千上萬人的荷包，使他們一夜之間變得一貧如洗，因而成為眾矢之的。但索羅斯從不隱瞞他作為投資家以追求最大利潤為目標。他曾為自己辯解說，他投機貨幣只是為了賺錢，在交易中，有些人獲利，有些人損失，這是非常正常的事，他並不是想加害任何人。他對在交易中遭受損失的任何人都不存在罪惡感，因為他也可能遭受損失。索羅斯曾經說：「實際上我沒做錯什麼，人們很難理解這一點，因為我在金融市場進行投機，是按照通行的規則進行的。如果禁止投機，我也不會投機；如果允許投機，那我就會投機，所以我實際上是參與者，一個金融市場的合法參與者，我的行動無所謂道德或不道德，這裡沒有所謂的道德問題。」

全球化進程由美國操控

慘烈的亞洲金融危機並沒有影響美元升值給美國帶來的繁榮。一九九五年美國股市的平均市盈率⑫是十四倍，在東南亞金融危機爆發的一九九七年升至二十七倍，一九九八年更是上升至三十五倍，一九九九年第一季度達到四十倍。美元升值讓美國家庭增加了五萬億美元的資產性收入，同時解決了美國的財政赤字問題。一九九二年，美國財政赤字高達二千九百億美元，但是到一九九八年就呈現了收支平衡。東亞國家賺盡了天下的貿易順差，一場金融危機帶來什麼結果呢？所有的財富又轉移到美國人手裡。

分析一九九七年至一九九九年亞洲金融危機的深層次原因，有人認為是美國利用美元匯率

---

⑫【股市平均市盈率】股市平均市盈率常用計算方法有三種。

其一是將個股的市盈率簡單地進行平均，其計算公式為：**股市平均市盈率＝所有股票市盈率之和／股票指數**

其二是加權平均法，其計算公式為：

平均市盈率＝（所有股票市盈率分別乘以各自的總股本）之和／所有股票的總股本之和

以上兩種方法都是簡單的平均法，雖然計算出的市盈率會有一些偏差，但由於證券類的報刊每天都公布各種股票的市盈率，所需的資料獲取比較方便，在實際中應用得非常廣泛。

從理論上講，股市的平均市盈率，就是買下股市所有流通的股票所需的投入，與這些股票產出的稅後利潤之比，而買下所有股票的投入就是股市流通股的總市值，所以股市平均市盈率的計算公式如下：

股市平均市盈率＝流通股的總市值／流通股的稅後利潤之和

1995至1999年，美國股市平均市盈率

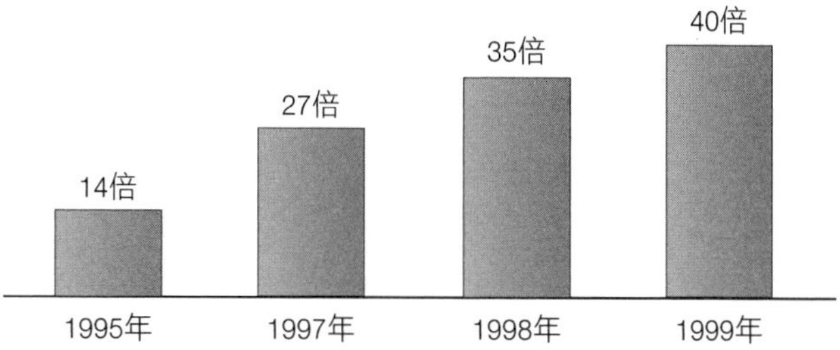

來打擊它在亞洲的貿易對手，也有人認為是這些國家在推行出口導向策略時過度放鬆金融管制，而且太過於依賴外國投資。不管怎樣，從一九八五年的「廣場協定」美元大幅貶值，再到一九九五年大幅升值，十年輪迴，美國政府對匯率手段的運用越來越嫻熟，全球化的進程似乎牢牢掌握在美國的手中。

作為「世界工廠」的「亞洲四小龍」、「亞洲四小虎」在金融危機中損失慘重，經濟低迷，社會動盪，已經無法繼續承擔「世界工廠」的角色。而歐美市場在亞洲金融危機中並未受太多影響，它們對物美價廉商品的需求依然旺盛，那麼靠誰來遞補世界貿易的加工環節呢？

儘管中國內地的製造業也受到不小的衝擊，但是，憑藉廉價的勞動力和生產成本，中國佔盡了全球產業轉移[13]的先機，「亞洲四小龍」的許多製造工廠，在危機中遷移到中國內地，同時，國際市場的許多訂單，也被價錢更便宜的中國內地製造業搶走。

這場危機讓「中國製造」邁上新的發展平臺。在亞洲金融危機之前，中國出口的主要產品是紡織、玩具、塑膠等勞動密集型產品，危機之後短短幾年，電子元件、電子顯示器、精密儀器等技術密集型的產品，成為中國出口的主要商品。「中國製造」正

在提高自己的技術含量，逐漸從以大量消耗資源、汙染環境為代價的低效生產，逐漸向依靠提高勞動者素質、提高技術含量的生產過渡，以提高效率來實現經濟增長。

隨著中國經濟的快速發展，特別是工業製造業及相應的國際貿易，中國逐步引來世界廣泛的關注，由此而引發「中國已經成為世界工廠」的說法不絕於耳。

索羅斯說：**「於是，歐美藉助本身的投資功能，把訂單從東亞配置到中國，這就是為什麼在一九九七年東南亞金融危機期間，中國出口根本不降的原因。那個時候中國的加工能力並不很到位，歐美的華爾街、倫敦城要把大量的FDI（外商直接投資）配置到中國，形成巨大的生產能力……中國確實努力了，在成為『世界工廠』的路上努力了，但是華爾街一揮手，中國就真正變成了『世界工廠』。」**

⓭【產業轉移】企業將產品生產的部分或全部由原生產地轉移到其他地區，這種現象叫作產業轉移。產品生命週期理論認為，工業各部門及各種工業產品都處於生命週期的不同發展階段，也就是經歷創新、發展、成熟、衰退等四個階段。此後威爾斯和赫希哲等對該理論進行驗證，並作了充實和發展。區域經濟學家將這一理論引入區域經濟學中，產生了區域經濟發展梯度轉移理論。

12 中國走向世界

中國，這個曾經在世界上最輝煌的國家，終於再次爆發出嶄新的活力。中國也不再拒絕世界，而是向世人張開雙臂，開始走向世界大舞臺的中心。但是，中國走向世界的道路異常曲折，面對誘惑，該如何把握？面對危機，又該如何應對？

加入世貿過程艱難

一九九九年十一月，深秋的北京，寒氣襲人。當月十日上午，當美國貿易代表巴爾舍夫斯基率領的美國談判小組車隊，駛入中國對外貿易經濟合作部的大門時，上百名中外記者已經在那裡守候多時。

龍永圖（中國加入世貿首席談判代表）對這次談判頗有把握，因為中美雙方已經就中國加入世界貿易組織（WTO）達成架構共識。

然而，到了第二天，談判形勢突然變得撲朔迷離。美方一邊揚言要回國，一邊又把行李從機場取了回來。七個月前的一幕似乎又要重演：當時，擔任中國國務院總理的朱鎔基訪美。就在兩國加入世貿談判的最後關頭，柯林頓總統突然變卦。

「美國不簽會後悔一輩子。」當時龍永圖這樣對美國媒體說。果然，美國代表團聽說柯林頓取消該協議後，都哭了。據龍永圖回憶，在柯林頓搞清楚這個協議的本意之後，「他又建議我們談判代表團繼續留在美國，完成最後的談判。」後來，朱鎔基總理在接到柯林頓反悔的電話時說：「既然你們先前決定不簽這個協議，我看也不必匆匆忙忙簽定。要簽這個協定，就請你們走一趟北京吧。」龍永圖說：「這就是中國在一個大國面前的尊嚴和姿態。」

一九九九年的中國是世界第九大貿易國，擁有全球五分之一的人口，就是這樣一個市場卻長期被世界貿易組織拒之門外，而最大的障礙就是美國。一九九九年，中國是美國第四大貿易夥伴，美國是中國的第二大貿易夥伴。面對如此重要的貿易夥伴申請加入世貿，美國不僅不支持，反而設置了種種苛刻的條件，百般刁難，甚至無視中國最基本的主權和尊嚴。

龍永圖回憶說：「當時談到美國的肉類進口到中國的問題。他說我們到過你們中國的肉品市場，你們的那些肉，我們的狗都不吃。我們進口到中國的這些肉，只要我們檢查了，到了中國你們不須再檢查了。我的反應是，作為一個主權國家，對於進入到我們中國的肉類和其他任何外國產品，哪能不檢查。任何一個國家，哪怕再落後也必須要對進口的產品把關。我當時非常生氣，把他趕出我的辦公室。並且說，我不想和你再談。」

由於美國是世貿組織最重要的成員，中國與美國的談判雖然艱難，但也必須進行。談判從一九九六年開始，一直談到一九九九年。龍永圖說：「當時美國一位著名的經濟學家叫馬斯特爾，他說，中國加入世界貿易組織的談判，是二十世紀最困難的一場貿易談判。」

在中美兩國關於中國加入世界貿易組織的雙邊談判中，美國提出的種種要價和中國的還價，是談判雙方的主要矛盾，也構成雙方談判的焦點問題。美國的要價主要表現在以下七個方面：

在電訊業方面，美方「要價」：在中國加入世貿組織六年內取消傳呼機、移動電話進口限制，開放國內固定電話的服務領域；在四年內，允許外資在所有電訊領域中持有電訊公司最高四九%的股權，增值服務及傳呼服務可持股五一%。中方「還價」：中方堅持在電訊主營業務上，外資參股上限為二五%，而增值業務為三〇%；同時，禁止外商擁有中國互聯網公司。

在銀行業方面，美方「要價」：外資銀行在中國加入世界貿易組織二年內，獲准經營人民幣業務，在五年內經營金融零售業務。中方「還價」：外資銀行人民幣業務已經在上海、深圳開展，今後可逐步擴大，開放金融零售業務仍不具備條件。

在證券方面，美方「要價」：外資進入中國證券及債券市場。中方「還價」：從未承諾對外資開放中國的證券、債券市場。

在保險業方面，美方「要價」：保險公司外商持股五一%，並可在二年內成立全資分支機構。中方「還價」：合資保險已允許外商持股五成，其他分歧正在減少。

在高科技方面，美方「要價」：中國把平均一三．三%的科技產品關稅，逐步降為零；在二〇〇五年以前，取消電腦、電訊等技術產品的關稅限制。中方「還價」：中國已經承諾逐步降低工業關稅，障礙是美國禁止高科技產品輸出。

在汽車業方面，美方「要價」：在二〇〇五年以前，進口關稅由八〇%至一〇〇%降至二五%，汽車零件進口關稅平均降至一〇%，同年取消汽車進口配額。中方「還價」：中國已經

龍永圖與美國談判代表針鋒相對，但也相互欣賞。

同意取消汽車和汽車零件進口配額。

在紡織業方面，美方「要價」：到二〇〇五年，中國紡織品出口美國仍保留配額限制。中方「還價」：在中國加入世界貿易組織後，立即取消該項歧視性條款。

七個月之後的北京，當中美雙方再次啟動談判的時候，柯林頓吸取上次的教訓，並且下了「只許成功，不許失敗」的決心。龍永圖和巴爾舍夫斯基，這兩個談判桌上的老對手再次針鋒相對。龍永圖評價對手說：「應該說他們都是很強硬的，也是非常專業的。」巴爾舍夫斯基則評論說：「中國談判小組是我見過最強大的談判組織，非常有智慧，非常專業，也非常具體。」

從一九九九年十一月十日至十三日，中美雙方代表團雖然不分日夜地進行談判，但終因雙方在一些關鍵性的問題上難以達成共識，而導致談判陷入僵局。就連對談判持積極態度的美國總統柯林頓也在「空軍一號」專機上說，談判結果難以預料。

一九九九年十一月十四號，談判進入第五天，外經貿部的談判大樓裡風雲變幻，懸念重重，誰也不知道結局會怎樣。當天晚上七點鐘，美國代表團居然全部消失，聲稱第二天就要離開中國！巴爾舍夫斯基回憶說：「最具戲劇性的是，最後時刻，我和一些美方成員已經把其餘人送到機場。」

朱鎔基親自出馬，談判過關

就在這最後關頭，龍永圖接到朱鎔基總理親自打來的電話：今天一定要簽，不能讓美國人跑了！巴爾舍夫斯基回憶說：「吳儀女士來到了談判室，告訴我，朱鎔基正在路上，他想見我，所以我們就等候著。」

談判桌上，朱鎔基總理直接針對主題，他對美方代表說：我不是來跟你談判的，我是來作決策的。最後七個問題，同意兩個，這是我們最大的讓步！

龍永圖說：「本來美國人一定要在電信和壽險方面佔大股，要有控制權。後來我們經過一番妥協，就答應了！在增值電信和人壽保險這兩個最敏感的領域，來個五〇％對五〇％這樣的股權。另方面，對一些關鍵性的金融產業，比如資本市場，也沒有開放。這樣就確保了我們中國的金融安全。」

中方的讓步終於換來美方的妥協，五分鐘後，中國加入世貿談判最艱難的對手，同意對中國打開世貿大門。歷經三年多筋疲力竭的馬拉松談判之後，這一刻，連巴爾舍夫斯基自己都感到解脫了。他回憶說：「這是談判室裡戲劇性的一刻，也因為經過這麼多年的談判，終於達成協議，真令人激動。」

一九九九年十一月十五日，中美簽署關於中國加入世界貿易組織的雙邊協定，消息公布之後，立即在國際社會引起一片嘩然。一些國家和國際組織的領導人，當天紛紛對中美雙方就中國加入世貿組織問題達成雙邊協定表示歡迎。正在土耳其訪問的美國總統柯林頓發表講話說：這一協定是美中關係發展進程中意義深遠的一步，簽署協定為中國加入世界貿易組織掃清了道路，是中國進入該組織的重要一步，對美中兩國以及世界經濟都有益處。他說，在該協議的基礎上，他將盡全力推動美國國會批准給予中國永久正常貿易關係。當時正在北京訪問的聯合國秘書長安南，也對協議的達成表示衷心祝賀。安南說，對世界貿易組織來說，這也是更具代表性的重要成果。

世界貿易組織總幹事邁克．莫爾表示，中美雙邊談判的「重大突破」必將極大地推動中國加入世界貿易組織的進程。他呼籲世貿組織所有成員，為中國加入世貿組織作出應有的努力。歐盟的發言人說，中美雙邊協議是對多邊貿易的一個重大貢獻，他希望歐中雙方儘快完成談判，達成各方都滿意的協議。全球最大的工業企業——美國通用汽車公司、美國波音公司，以及世界第三大汽車製造商——戴姆勒-克萊斯勒公司都對協議表示歡迎。他們認為，這項協定對美國的商品和服務進入目前世界上最大、發展最快的市場創造了條件。

美國著名的信用評估機構——杜夫-菲爾普斯公司在一項聲明中說，中國加入世貿組織後，到二〇〇五年，外國每年對中國的直接投資可望增加一千億美元，跨國公司將中國作為其出口生產基地的趨勢也將隨之加強，這將大大提高中國的出口能力。隨著中國對外開放程式的提高，中國企業的競爭能力也將大幅提高，中國大陸和香港特區等地的信用等級[14]也將大幅提升。另一家國際信用等級評估機構——標準-普爾公司也表示，儘管中國加入世貿組織在短期內可能使中國企業面臨國外企業的強大競爭，但從長遠來看，這將有利於中國經濟結構的調整。義大利外貿部長法西諾表示，中美達成雙邊協定是世貿組織歷史上具有戰略性和決定性的一步。擁有世界五分之一人口的中國加入世貿組織，將使經濟全球化進程更加有效和有序。德國政府發言人說，中美達成這項協議，對順利解決歐盟與中國雙邊談判中的問題，是一個積極的信號，德國政府也支持中國迅速加入世界貿易組織。

英國貿易與工業部發言人彼得．曼德奇表示，英國將與歐盟其他成員國一道，加緊與中國進行談判，爭取儘快達成歐盟與中國的雙邊協議。法國財政部長索泰也對中美達成協議表示歡迎，並表示法國支持中國加入世界貿易組織。日本、韓國、澳大利亞、紐西蘭以及墨西哥、芬蘭等國政府，也對中美就中國加入世界貿易組織達成的協定表示歡迎。

二〇〇一年十一月十五日，在世界貿易組織（WTO）多哈會議上，各成員國一致接受中國成為世界貿易組織的一員。其後一個月內，經中國全國人大常委會正式批准生效。至此，自一九八六年七月中國政府正式提出復關申請，歷時十五年的中國加入WTO的歷程，歷盡艱辛，終於有了圓滿

2001年12月11日，中國正式加入世界貿易組織，成為其第143個成員。

的結局。二〇〇一年十二月十一日，中國正式加入WTO，成為它的第一百四十三個成員。十五年漫長的復關入世談判，跨越了兩個世紀。十五年間，中國發生了巨大的變化；十五年間，中國談判代表團團長換了四任；十五年間，一批黑髮人談成了白髮人。在中國的歷史上，這是令人難以忘懷的篇章。

加入WTO之後，中國對外貿易正式開進快車道。據統計，在加入WTO的二〇〇一年當年，中國外貿規模為五千億美元；二〇〇二年中國進出口總額位居世界第四；到二〇〇四年則首次突破萬億美元大關，一舉超過了日本，中國被讚譽為「世界工廠」；二〇〇五年中國的外貿規模達到了一・四萬億美元，每年的外貿順差在一千億美元以上；二〇〇六年中國升至進出口總額世界第三；二〇〇八年中國超過美國成為僅次於德國的世界貿易大國；二〇〇九年，中國出口總額一・二〇一七億美元，超過德國，成為全球出口「冠軍」。

不斷發生的貿易摩擦

當中國在全球貿易中扮演越來越重要的角色時，針對中國的貿易保護也越演越烈。據世貿組織在二〇〇八年的統計，中國已連續十四年成為遭遇反傾銷調查[15]最多的成員，連續三年成為

---

[14]【信用等級】通常是指基於評估物件的信用、品質、償債能力以及資本等的指標級別，也就是，信用評級機構用既定的符號，來標識主體和債券未來償還債務能力及償債意願，可能性的級別結果。

[15]【反傾銷調查】指進口國依法，對造成進口國產業損害的傾銷行為，採取徵收反傾銷稅等的調查，以反傾銷法為依據，立足於進口國產業及其生產者的利益，維護正常國際貿易秩序和國內市場公平。

遭遇反補貼[16]調查最多的成員。龍永圖說：「中國受害的比例一直在增加。最近，差不多有一半的全球反傾銷和反補貼都是針對中國而來的。」

二〇〇五年一月一日，全球紡織品配額取消。此後，中國對美出口激增。二〇〇五年五月，美國政府對中國輸入美國的七類紡織品揮動起「特別保護」的大棒，當時的美國商務部部長古鐵雷斯，把阻擊中國紡織品作為他上任打響的「第一炮」。中美之間圍繞著紡織品問題，展開七輪艱苦的談判，才簽署了《諒解備忘錄》。緊接著，中美貿易摩擦又轉移到從鋼鐵到玩具的一系列產品。

二〇〇七年八月二日，從事玩具生產近三十年的香港商人張樹鴻，做夢也沒有想到他的事業會就此終結。

這一天，全球最大的玩具供應商，美國美泰公司宣布：召回九十六萬七千件已經在美國市場銷售的芭比娃娃，原因是這些娃娃的細黃眉毛是用鉛含量超標的油漆畫上去的。生產這批產品的企業正是張樹鴻設在廣東佛山的利達玩具廠。產品召回對利達公司無疑是致命的打擊。在此之前，也就是二〇〇七年六月十三日，因美泰召回一百五十萬件玩具火車的另外一家中國玩具生產企業倒閉，因為火車站牌的停車標誌英文「STOP」，也是用鉛含量超標的油漆印上去的。令張樹鴻更加難過的是，某些同行還罵他是「害群之馬」。苦苦撐到二〇〇七年八月十一日，張樹鴻終於不堪負荷，在自己工廠的一角上吊自殺。

張樹鴻的死並沒有改變中國產品被召回的命運。此後又接連發生中國產品被召回的事件，一大批自二十世紀八〇年代建立起來的玩具生產企業因此倒閉。想當初，中國珠三角地區源源不斷地接到來自美國的訂單，從深圳到東莞、中山和佛山，成百上千家玩具廠在夜以繼日地按照美國公司的要求趕工。然而，這一切盛況在幾個月內突然停止了，中國大批企業因此倒閉，大量工人失業。二〇〇七年耶誕節前夕，當時的美國民主黨參議員的歐巴馬，在新罕布什爾州舉行的經濟會議上提出建議，強烈要求美國禁止進口所有中國生產的玩具。

二〇〇七年六月七日，美國六家鋼管生產商和美國鋼鐵工人聯合會等七家單位，向美國商務部和美國國際貿易委員會提起訴訟，指控來自中國的標準鋼管涉嫌獲得中國政府的不當補貼，以低於成本價在美國傾銷，希望美國政府發起反傾銷、反補貼調查。同年六月二十八日，美國商務部宣布對中國生產的標準鋼管進行反傾銷、反補貼合併調查。七月十八日，美國商務部宣布，對中國生產的薄壁矩形鋼管進行反傾銷、反補貼合併調查。七月三十日，美國鋼鐵協會等四家行業組織公布一份題目為〈金錢換金屬：詳細調查中國政府對其鋼鐵業的補貼〉的報告，聲稱中國政府在過去十年，向鋼鐵業提供了五百二十億美元的補貼。

---

⑯【反補貼】反補貼是一國政府（或國際社會）為了保護本國經濟健康發展、維護公平競爭的秩序，或者為了國際貿易的自由發展，針對補貼行為而採取的必要的限制性措施。其中的補貼是指，一國政府或者任何公共機構，向本國的生產者或者出口經營者，提供的資金或財政上的優惠措施，包括現金補貼或者其他政策優惠待遇，使其產品在國際市場上，比未享受補貼的同類產品處於更有利的競爭地位。
由於傾銷與補貼都是一種不公平的貿易做法，國家運用反傾銷、反補貼的法律措施，可以制止不公平交易，規範貿易競爭行為。反傾銷與反補貼措施的實施，可以維護國家宏觀經濟利益，促進對外貿易健康發展，還可以限制進口，合理調節進出口貿易，避免對外貿易損失，保護本國工業。
反傾銷與反補貼也是適應國際間發展貿易關係的需要，對維護國際經濟貿易新秩序具有重要意義。

此後，美國對中國生產的不銹鋼焊接壓力管、環形碳素管線管、鋼製螺杆等多個鋼鐵產品展開反傾銷、反補貼合併調查。中國產品在遭到美國政府圍堵的同時，歐盟，加拿大、俄羅斯、烏克蘭、阿根廷、墨西哥、印度、印尼、澳大利亞等國的政府，也都跟著採取措施限制從中國進口產品。

日本經濟產業研究所研究員滕本隆宏發現，**中美貿易摩擦涉及的產品路線圖，與當年日美貿易摩擦的產品順序，有著驚人的一致性。首先是紡織服裝，接著是鋼鐵，最後是汽車，此間貫穿的是幣值問題、知識產權問題等。但與日美摩擦不同的是，中美摩擦發展得更快。**

導致美國不斷挑起中美貿易摩擦的根本原因，在於中美貿易的不平衡。一九七九年中美建交之時，兩國雙邊貿易額的統計值基本接近，中方統計值為二十五億美元，美方統計值為二十四億美元。到一九九六年，中方統計值為四百二十八億美元，比建交時增加了十六倍多，中方順差一百零五億美元；美方統計值為六百三十五億美元，比建交時增長了二十五倍多，美方逆差三百九十五億美元。美方統計值比中方統計值多出四八．二%，近一倍。

經過十年的發展，中美貿易再跨上另一階段。二〇〇六年，中方統計值為二千六百二十七億美元，比十年前增加了五倍多，中方順差一千四百四十三億美元，佔全部外貿順差的九八%。同年，美方統計雙邊貿易總額為三千四百三十億美元，比十年前增加四倍多，其中美國逆差二千三百二十六億美元，佔美國全部貿易逆差八千一百七十三億美元的二九%。二〇〇七年，中方統計的對美貿易順差為一千六百三十三．三億美元，佔中國全部貿易順差二千六百二十二億美元的六二．三%；美方統計的對華貿易逆差為二千五百六十二．一億美元，佔美國同期全部貿易逆差七千九百四十四・八億美元的三二・二%。二〇〇八年，中方統計的對美貿易順差為一千七百零九億美元，佔中國全部貿易順差二千九百五十四・六億美元的五七・八%；美方統計的對華貿易逆差為二千六百六十三・三億美元，佔美國同期全部貿易逆差八千・一億美元的三三・三%。

隨著中美貿易規模擴大和美國對華貿易逆差的不斷增加，由美國挑起的貿易摩擦越來越多，這也成為困擾中國政府和企業的一大難題。**統計中所呈現的美中貿易逆差之巨大，造成美國人心理極度的不平衡，也成為美國挑起摩擦的重要理由。但仔細分析中美貿易的內在結構就會發現，中國從對外貿易中獲得的好處並不多。中國作為全球產品生產鏈中的重要環節，通常也是最後一道環節，使得國際貿易中的許多商品都打上了「中國製造」的烙印。**

中國的大部分進口產品為原始物料和半成品，而大部分出口產品為製成品。二〇〇六年中國加工貿易進口佔進口總額的四〇・七%，為三千二百一十四・九億美元；加工貿易出口佔出口總額的五二・七%，為五千一百零三・七億美元。出口比進口多出一千八百八十八・八億美元。多出來的部分大體反映了「中國製造」的佔有量，與中國的貿易順差總值也比較接近，其中包括企業的利潤和中國勞動力提供的服務。對美出口的加工貿易產品中，有的半成品來自美國，由美國在中國的企業完成生產；有的來自日本、韓國、東盟和歐盟等，由這些國家和地區在中國的企業完成生產；也有一些半成品，可能由某個跨國公司進口自上述多個國家和地區，在中國完成生產後，將部分製成品出口到美國。

這就導致原本屬於美國和上述國家及地區的貿易逆差，轉變成為美國與中國的貿易逆差。

這些利潤都進入包括美國等在中國設廠的外國企業的口袋裡。由此可見，中國從對美國的出口中所能得到的利潤很少，絕大部分貿易順差被誇大，部分利潤被包括美國在內的多個國家及地區瓜分。無論是美方統計值還是中方統計值，都不能反映貿易轉移價值的真實情況。

一九九六年九月二十二日美國《洛杉磯時報》刊登的文章〈芭比娃娃與世界經濟〉中所舉的芭比娃娃的例子，就是一個很好的說明。這篇文章說，從中國進口的芭比娃娃，在美國的零售價為九．九九美元，而從中國的進口價僅為二美元。在這二美元中，中國只獲得三十五美分的勞務費，其餘六十五美分用於進口原始材料，另外一美元是運輸和管理費用。

在高度貿易自由化和經濟全球化的今天，資本、貨物和服務流動速度不斷加快，特別是生產的國際化分工，使得產品的屬性很難按國家來畫分。中美兩國都是大國，產業結構有很強的互補性，相互之間的依賴越來越強。根據美國聯準會測算，二〇〇五年美國為國庫券支付四．二四%的利息，而美國海外投資收益高達八．五%，兩相抵消，維持了美國帳戶的基本平衡。

美國從中得到更大好處在於，來自中國的廉價消費品源源不斷，大大改善美國人的生活水準。美新聞媒體認為，在過去十年間，中國質優價廉的產品使美國消費者節省了六千多億美元。根據美中貿委會的研究，到二〇一〇年，中美經貿合作可使美國GDP增長提高〇．七%，物價水準下降〇．八%，每個家庭可支配收入增加一千美元，製造業生產率提高〇．三%。對中國來說，美國作為第一大出口市場，對中國經濟的帶動作用絲毫不能低估。

正因為中美兩國的經貿關係變得如此緊密，任何不理智的做法都可能造成相互的傷害。於是，兩國政府想出一個好辦法：通過對話解決分歧和爭端。二〇〇六年十二月，中美首次策略經濟對話在北京舉行，取得積極的成果，確切地說是美國獲益良多；主要包括中國同意放寬美國農產品、牛肉、木材進口條件，中國提出加強知識產權保護的十四項措施。

第二次中美策略經濟對話於二〇〇七年五月在華盛頓舉行，這次對話使美國得到更多好處。美中在民航領域達成的「突破性」協議，為美國企業帶來巨大的商機，中方同意美國航空公司飛往中國北京、上海和廣州等城市的民航航班數，在二〇一二年前增加一倍；並在二〇一一年前讓美國貨運航班不受限制地服務中國市場，把能在中國運營的美國民航公司增加到九家。

《華爾街日報》發表文章指出，該協議使中國民航業面臨更多經營壓力，因為中國民航在跨太平洋航線上的平均利潤，比美國民航企業低一五%以上，而且在簽訂協定時尚未用完以前日均十次航班的「額度」。包括聯邦快遞在內的貨運公司是當中的最大贏家。美國財政部網站上公布的七項對話成果中，中國金融服務業的開放佔四項。《華爾街日報》文章還指出：「這一次在金融服務業的開放，遠超過中國『加入WTO』時的承諾。」

之後，中美雙方又於二〇〇七年十二月、二〇〇八年六月和二〇〇八年十二月，舉行第三、第四和第五次策略經濟對話。第三次對話，雙方簽署食品、藥品安全等多個協議。第四次對話，雙方在金融開放和合作方面作出較大承諾，美方開出了儘快承認中國市場經濟地位的空頭支票。第五次對話，雙方簽署能源環境合作框架協議。五次中美策略經濟對話共取得一百八十九項成果。

中美策略經濟對話開始後，日本和歐盟也向中國提出同樣的要求。二〇〇七年四月，中日兩國就舉行兩國高層經濟對話，並且達成共識。同年十一月，中歐領導人高峰會提議舉行貿易和金融領域的雙邊對話。中日首次高層經濟對話，也於二〇〇七年十二月在北京舉行。中歐首次貿易對話於二〇〇八年四月在北京舉行，在此期間中英兩國舉辦了財經對話。第二次中歐經濟與貿易高層對話於二〇〇九年五月在歐盟總部布魯塞爾舉行。雙方在落實二十國集團（G20）倫敦金融高峰會共識、反對貿易和投資保護主義、開展能源和環境合作等五個方面達成了廣泛共識，並為往後舉行的第十一次中歐領導人會晤做了良好的準備。會後，中英舉行第二次中英經濟財經對話。二〇〇九年五月二十日，原定於二〇〇八年十二月在法國舉行的中歐高峰會在被推托延遲了五個月之後，在捷克首都布拉格舉行，中國國務院總理溫家寶出席會議，並就具體落實中歐領導人會晤達成的共識進行進一步磋商。第二次中日經濟高層對話，於二〇〇九年六月七日在日本東京舉行，中國國務院副總理王岐山出席會議，雙方簽署廣泛領域的合作文件。

如影隨形的貨幣戰

除了常見的反傾銷、反補貼調查，**逼迫人民幣升值成了對中國貿易戰的焦點**。

二〇〇一年八月，英國《金融時報》刊登〈中國的廉價貨幣〉這篇文章，首次提到了人民幣升值。

二〇〇一年九月六日，《日本經濟新聞》刊登文章《對人民幣升值的期望——中國威脅論的升級》。此後，日本的政府官員，開始在不同場合敦促人民幣升值，成為呼籲人民幣升值的急先鋒。

二〇〇二年十月，摩根斯坦利公司首席經濟師斯蒂芬・羅奇發表報告稱，中國正在通過商品出口，向全球輸出通貨緊縮[17]。於是，當時的美國財長斯諾、日本財相鹽川正十郎迅速提出人民幣應該升值。

日本的理由是，中國等新興國家的加入，導致供給增加、物價下跌，如果中國政府不能嚴格限制出口，為了扭轉日本國內通貨緊縮的局勢，中國應該採取擴張性的貨幣政策，或者讓人民幣升值。

從二〇〇三年開始，敦促人民幣升值的國際輿論壓力開始轉向美國。二〇〇三年，美國當時的財政部長斯諾和聯準會主席葛林斯班，先後對中國的匯率政策發出警告，希望人民幣更

[17]【通貨緊縮】當市場上流通的貨幣減少、人們的貨幣所得減少、購買力下降，影響物價下跌，就造成通貨緊縮。長期的貨幣緊縮會抑制投資與生產，導致失業率上升及經濟衰退。經濟學者普遍認為，當消費者價格指數連跌三個月，就表示已出現通貨緊縮。通貨緊縮就是產能過剩或需求不足導致物價、利率、糧食、能源等各類價格持續下跌。

通貨緊縮與通貨膨脹都屬於貨幣領域的一種病態，但通貨緊縮對經濟發展的危害比通貨膨脹更嚴重。首先，通貨緊縮會加速經濟衰退。由於物價水準持續下降，必然使人們對經濟產生悲觀情緒，從而持幣觀望，使消費和投資進一步萎縮，加速經濟的衰退。其次，物價下降會使實際利率上升、企業不敢借款投資、債務人的負擔加重、利潤減少，嚴重時會引起企業虧損和破產。由於企業經營的不景氣，銀行貸款難以及時回收，從而出現大量壞賬，並難以找到盈利的好項目，經營也會出現困難，甚至面臨「金融恐慌」和存款人的擠提風險，從而導致銀行破產，使金融系統面臨崩潰的風險。再次，經濟形勢的惡化與人們的預期心理相互作用，會使經濟陷入螺旋式的惡性循環中。同時，這種通貨緊縮還會通過國際交往輸出到國外，而世界性的通貨緊縮又會反過來加劇本國的通貨緊縮。

具彈性。從二〇〇三年六月開始，「健全美元聯盟」拋出每月一期的《亞洲貨幣操縱監控報告》，認為，中國、日本、韓國和臺灣存在嚴重的貨幣操縱行為，導致美國製造業工人失業的主要原因。在此之下，美國的一些經濟學家交出人民幣匯率低估一五％至五〇％的測算。二〇〇三年九月，美國總統布希發表演說，暗示部分亞洲國家匯率「不公平」。在同年十一月這一個月內，美國政府相繼對中國紡織品、彩色電視機、可鍛鑄鐵管件和木製家具等四類產品，實施制裁。

龍永圖：「實際上美國很清楚，自己在全球經濟和整個國際貨幣金融體系裡，處在領導者的地位。借鏡過去歷史的變化，在二十世紀八〇年代，美國通過讓日本的日圓升值和亞洲四小龍貨幣升值，把它的貿易順差和貿易產品轉移到低收入的國家。現在美國逼著人民幣升值，無非是把中國當作另一個越南或者印度，這樣的生產來源地或者供應地的改變，美國還是繼續享受全球化安排的好處。」

在與歐、美、日進行了長期的談判後，同時結合中國國內經濟的發展情況，兩年之後的二〇〇五年七月，中國央行行長周小川接受中央電視臺採訪，宣布中國人民銀行制定出完善人民幣匯率形成機制的改革方案，中國將有策略地改革人民幣匯率制度。

周小川說：「我們制定的這個匯率，將來不再盯住美元這單一的貨幣，而是參照各國貨幣，同時根據市場供應需求關係來進行浮動。」

人民幣不再盯住美元，形成更富有彈性的匯率機制，為人民幣進一步國際化創造了有利條件。在此後三年的時間裡，人民幣走上了漸進式升值之路。到目前為止，人民幣對美元已升值二一％，實際有效匯率升值一六％。而中國的外匯儲備從二〇〇五年底的八千億美元上漲至二〇〇八年底的一．九萬億美元。周小川認為：人民幣更加穩固，價值更高了，對整個經濟來說，好的方面遠遠大於其負面影響。

強大的國力使人民幣在國際上的地位越來越突出。中國交通銀行首席經濟學家連平認為：「人民幣從原來人們對它不瞭解、不認識，甚至是不認同、不接受，逐步到大家瞭解它、認識它和認同它、接受它，以至於成為全球普遍願意接受的貨幣，這毫無疑問反映著我國國力的增強。」

但人民幣的升值並沒有讓針對中國的貿易爭端畫上句號。僅僅過了一年，英國《金融時報》就發表評論，宣稱中國出口產品的價格上漲正在加大全球通貨膨脹[18]的壓力一篇名為〈中國

---

[18]【通貨膨脹】經濟運行中出現全面、持續的物價上漲現象。一般性通貨膨脹為貨幣貶值或購買力下降。前者用於形容全國性的幣值，後者用於形容國際市場上的附加價值，兩者的相關性是經濟學上的爭議之一。紙幣流通規律表明，紙幣發行量不能超過它代表的金銀貨幣量，一旦超過這個量，紙幣就會貶值，造成物價上漲，從而出現通貨膨脹。通貨膨脹只有在紙幣流通的條件下才會出現，因為金銀貨幣本身具有價值，作為貯藏手段，可以自發地調節流通中的貨幣量，使它和商品流通所需要的貨幣量相適應。而在紙幣流通的條件下，因為紙幣本身不具有價值，只是代表金銀貨幣的符號，不能作為貯藏手段；因此，紙幣的發行量如果超過商品流通所需要的數量，就會貶值。例如，商品流通中所需要的金銀貨幣量不變，而紙幣發行量超過了金銀貨幣量的一倍，單位紙幣就只能代表單位金銀貨幣價值量的二分之一，在這種情況下，如果用紙幣來計量物價，物價就上漲了一倍，這就是通常所說的貨幣貶值。此時，流通中的紙幣量比流通中所需要的金銀貨幣量增加了一倍，這就是通貨膨脹。在宏觀經濟學中，通貨膨脹主要是指價格和工資的普遍上漲。

輸出通脹〉的。

龍永圖說：「中國人挺冤的，當世界的價格出現高漲時，他們說你中國人輸出通貨膨脹，當世界的價格出現緊縮的時候，又說你中國人輸出通貨緊縮，什麼都與中國人脫不了關係，但這也表示，中國在世界經濟當中影響力也蠻大的。」

本篇後記

「經濟全球化」使全世界的市場像一塊大蛋糕，而且隨著世界經濟的發展，這塊蛋糕越來越大。這顯然極具誘惑力，任何一個國家都希望能分一杯羹。但同時，這也是危險的，就如同赤壁之戰中用鐵索連結的曹軍戰船。

在危險程度呈倍數增長的時候，中國進入了全球化的浪潮。如何在這危險的環境中乘風破浪，掌握主動？如何減少衝擊，規避風險？我們都需要從歷史當中找對方法。

| 第五篇 |

多極化的時代變局

不再一家獨大的美國，仍然是世界上最具實力的國家；但隨著歐盟的強大，日本、俄羅斯經濟的復甦，以及以中國為代表的「金磚四國」崛起，全球已經形成多極化的格局；世界局勢也因此變得更加複雜。

前言

透支消費的美國人

二〇〇七年，一個電視攝製小組在美國街頭採訪路人的儲蓄帳戶裡有多少錢時，他們大致得到這些回答：「沒有多少存款」、「沒有積蓄」、「我們都是『月光族』」……

讓這些美國人花光儲蓄，甚至借貸消費的產品，包括日本的電器、中國製的鞋、南美的咖啡和中東的石油。看上去他們一點都不擔心沒有儲蓄的未來，因為美國政府提供許多福利，而銀行又隨時可以借到利息低得接近於零的金錢。過度消費大大刺激美國的對外貿易，但也埋下了深深的禍根。

二〇〇七年三月十三日，美國傳來一聲驚雷：第二大抵押貸款公司——新世紀金融公司，被紐約證交所終止交易！半個月後，新世紀金融公司宣布破產。

諷刺的是，此前該公司的員工都表示，新世紀金融公司是一家讓人感到快樂和容易獲取獎勵的公司，該公司歷來以「工作時勤奮工作，娛樂時盡興娛樂」著稱。

對於一家在一九九五年成立，一九九七年才上市的公司，新世紀金融公司的出場可謂不凡，公司剛上市就在一九九八年成功地躲過當時出現的次優貸款[1]風險。在那些正膽戰心驚的老牌企業看來，新世紀金融公司的經歷簡直就是傳奇，或者說是受到幸運之神的眷顧。

新世紀金融公司只能放貸款而不能吸收存款，主要資金來源為金融機構和債券投資者。在業界，新世紀最具有特色的業務，是向那些低收入、個人信譽等級低、不符合一般貸款條件的客戶，提供有條件的貸款。為了講求效率、追求業務增長，公司不惜進一步降低貸款標準。而且，為了在激烈的競爭中勝出，該公司承諾在十二天之內對客戶的有關貸款申請予以答覆，這無疑開創了抵押貸款行業的先河。

除一些常規手段外，新世紀金融公司行銷客戶主要的技倆，是利用獨立抵押貸款經紀商。由經紀商出去尋找客戶，向客戶介紹可提供的各類貸款，並從中收取貸款初始的處理費。這些經紀商往往是大型抵押貸款公司和金融機構的爭奪對象，因為他們能成為各金融機構最重要的

❶【次優貸款】美國住房抵押貸款市場可分為三個檔次，優質貸款針對信用等級高的客戶；次級貸款通常針對收入證明缺失，負債較重的人；而次優貸款介於兩者之間。次優貸款設計初衷是讓那些信用紀錄良好、但收入不固定的人買得起房子，對於貸款人財務的證明要求極低，還可以接受還款額度低於累計的利息。二〇〇七年次貸危機爆發以來，美國及歐洲國家的房貸市場都成為重災區。美國市場總值一千六百億美元的商業地產抵押即將到期，銀行陷入更深的信貸危機。次級貸款的人不用擔憂未來他們欠的貸款額度會上升一五%，但次優貸款卻有這問題。因為次優貸款違約都是在後期發生的，所以其危害程度不亞於次級貸款。無數的銀行受到次優貸款的牽連，因為他們購買了次優貸款抵押資產，並將這些抵押資產證券化以後在全球發行出售。有的銀行將很大部分的次優債券，以極低的折扣價售給對沖基金和其他資產管理公司。隨著次優抵押債券的市價下跌，金融機構都被迫接受「未實現」的損失。商業銀行是美國金融體系的最後一道防火牆，如果持有次優債券的機構僅限於對沖基金和投資銀行，那麼風險相對可控。一旦商業銀行也大量持有次優債券，那麼，企業信貸市場很可能也會出現問題。資料顯示，一個不可迴避的問題是，美國的失業情況仍在繼續惡化，如果失業率繼續上升，優質的貸款也會變質。

分銷管道。

作為「後起之秀」，新世紀金融公司能爭得更多的市場分額，主要是靠效率和便利，但問題也恰恰出在這裡。

由於**新世紀金融公司將行銷客戶的工作外包給獨立經紀商，導致公司無法對客戶資料進行有效地審查控制**。在激烈的市場競爭中，盲目追求數量，甚至不要貸款評估資料，無疑是一種賭博。事實證明，過分依賴獨立經紀商，讓一些缺少職業道德的行銷人員有了造假的機會，以至於虛報貸款申請人收入和房屋評估價值的事件頻頻發生。弄虛作假的結果非常明顯，一些借款人連拿出第一筆還款都有困難，因此違約案件數量不斷攀升。

這是一個典型的案例：加利福尼亞州一位七十多歲的老人，在新世紀金融公司的行銷員勸說下，接受了新世紀公司提供的「老年人貸款計畫」，對其原有的抵押貸款進行再融資。這種貸款最誘人的條件是，前幾年不需支付任何費用，而事實卻是，當老人拿到一筆不算少的浮動利率貸款金額後，每個月要支付高達兩千多美元的利息。老人根本無力按期付款，於是收到新世紀金融公司發出的收房通知。無奈之下老人只好依靠律師與新世紀金融公司協商。令律師不解的是，作為全美第二大抵押貸款專業公司，一份收入欄空白的貸款申請，竟然也可以通過各部門的審批。

事實上，新世紀金融公司在向信用差和收入佔負債比率高的客戶，提供貸款這方面走得太遠了。二〇〇六年，新世紀金融公司共發放五百一十六億美元次級貸款，在市場興旺的條件下，該公司一躍坐上了全國次級抵押貸款市場的第一把交椅。實際上，此時的新世紀金融公司已經騎虎難下了，停止發放貸款無異於自殺，而繼續下去則是飲鴆止渴。

再好的市場也是有週期的。在市場看好時，那些還款有問題的借款人可以迅速將房子賣掉，除了還款外還可賺一筆；或採取條件比較優惠的再次貸款方式，不至於資金斷鏈。當市場條件惡化時，大量的潛在問題就浮出檯面。

曾幾何時，新世紀金融公司的股票一度由九．六七美元狂漲到六十六．九五美元，漲幅高達五六一％！公司上下一片雀躍，無不為之歡喜。然而等到二〇〇六年下半年，形勢卻發生了根本性逆轉：由於利率攀升，房價大跌，全美國的次級抵押貸款遲付率達到四年來的新高，於是新世紀金融公司的美夢被驚醒了。

危機在二〇〇七年三月一個乍暖還寒的清晨來臨，新世紀金融公司總經理布萊德．莫里斯用沙啞的嗓音告訴大家：「我不得不抱歉地向大家宣布，我們公司即將申請破產，這是萬不得已的！公司沒有料到投資者轉眼之間對次貸市場失去信心。事實是，我們犯下了一個錯誤，但應對此負責的不是某人或某個事件……」

巴菲特這位華爾街「股神」曾經說過：「在過去幾十年裡，尤其是過去六至八年裡，這個國家的消費能力大大超過了它的生產能力，因為我們如此富有，所以我們能維持很長一段時間，而且我們還能大量透支，但我們不能永遠這樣透支。」

13 對金融風暴的反思

突如其來的華爾街金融風暴，迅速席捲了整個世界，無論是在它發生之初，還是風暴漸漸平息的現在，很多人都在反思這場危機帶給我們什麼。

突如其來的金融危機

二〇〇八年，一場突如其來的金融危機在美國華爾街爆發。

如果說新世紀金融公司的破產是驚雷的話，那麼，雷曼兄弟公司[2]的破產無疑是一場颶風。

二〇〇八年九月，擁有一百五十八年悠久歷史、在美國華爾街投資銀行界排名第四的雷曼兄弟公司，根據美國《破產法》第十一章規定，向紐約南區美國破產法庭申請破產保護[3]。

二〇〇八年九月十五日，有人在部落格中寫道：「我正站在位於紐約第七大道和第五十街交會處的雷曼兄弟總部外，看著它死去。」

位於時代廣場中心的雷曼兄弟公司總部門口，一個個垂頭喪氣、西裝革履的投資銀行精英，他們手中拿著印有「Lehman Brothers」標誌的紙箱、文件袋、藝術品、雨傘等物品，陸續走出這家曾經是美國第四大的投資銀行[4]。

❷【雷曼兄弟公司】一家為全球企業、機構、投資者和政府的金融需求提供服務的全方位、多元化的投資銀行。創立於一八五〇年，雷曼兄弟環球總部設在美國紐約市，地區性總部則位於倫敦及東京，在世界各地設有辦事處。雷曼兄弟被美國《財富》雜誌選為全球五百大企業之一。

雷曼成立之初只是一家從事棉花交易的公司，後來業務擴大，美國不少零售業巨頭如西爾斯百貨等，都曾經從該公司獲得融資，雷曼家族也因此成為富甲一方的望族。雷曼曾以嚴謹審慎著稱，穩健的作風也是它經歷一個多世紀大浪淘沙而依然存在的重要原因。直到二十世紀八〇年代，在公司中得勢的還是穩健派。不過，也正是在那個時期，雷曼內部發生了穩健派和冒險派之爭。以交易員為主的穩健派主張堅持其傳統的交易和證券承銷業務，以保證公司的穩步發展；而以銀行家為代表的冒險派卻提出要大膽利用公司資本積極進取，以謀求高收益和快速發展。一九八三年，兩派之爭公開化，並導致公司分裂。第二年，雷曼被美國運通收購。

❸【破產保護】指不管債務人是否有償付能力，當債務人自願向法院提出或債權人強制向法院提出破產重組申請後，債務人要提出一個破產重組方案，就債務償還的期限、方式以及可能減損某些債權人和股東的利益作出安排。這個方案的提出要給予其一定時間，經過債權人的同意，經過法院確認，債務人可以繼續營業。

美國《破產法》管轄著公司如何停止經營或如何走出債務深淵的行為。當一個公司臨近山窮水盡的境地時，可以援引《破產法》第十一章來「重組」業務，爭取再度營利。破產公司，也就是「債務人」，仍可照常運營，公司管理層繼續負責公司的日常業務，其股票和債券也在市場繼續交易，但公司所有重大經營決策必須得到破產法庭的批准，公司還必須向證券交易委員會提交報告。

如果依據《破產法》第七章申請破產，公司全部業務必須立即完全停止，由破產財產託管人來「清理」（拍賣）公司資產，所得資金用來償還債務，包括對債權人和投資人的債務。一般來講，如果公司申請依據第七章破產，股民手中的股票通常會變成廢紙，因為如果破產法庭確認債務人無清償能力（負債大於資產），就可以不歸還股東投資。此外，公司資產經清算優先償還有擔保債權人和無擔保債權人後，往往所剩無幾。

多數上市公司會按照《破產法》第十一章申請破產保護，而不是依據第七章直接進行破產清算，因為他們希望繼續運營並控制破產程式。第十一章規定了一些恢復公司業務的程式，也確實有一些公司重組計畫成功，重新開始營利。但有些公司最後還是以清算告終。（續下頁）

他們走過員警設置的路障。路障外，幾個紐約人和外地遊客問：「又是哪個明星要出來了？」這些人顯然不知道究竟發生什麼事。員警則見怪不怪地對看客們嚷著：「快走快走，沒什麼，不過是又一波人剛丟了工作。」

失意的人們之中有的含淚與同事相互擁抱道別，有的領著與他們同樣焦灼的親人默默離去。幾乎所有的員工都沒有心情談話，他們或者依然恪守著首席執行官富爾德「守口如瓶、共渡難關」的戒律，或者已是精疲力竭、痛苦不堪。因此，「無可奉告」是標準的回答。當一名記者問一名失業者感覺如何時，這位滿臉憔悴的人很厭惡地反問：「看看我們捧著這些箱子，你覺得呢？」

就在六個月前，五個街區以外，美國第五大投資銀行貝爾斯登[5]崩潰時，也曾經上演過類似的一幕。這一晚，許多人都在想：華爾街和美國的經濟不知道還要經受多少個焦灼的夜晚……美聯社記者不無感慨地寫道：「明天太陽升起時，華爾街上已經沒有『雷曼兄弟』這個名稱了。」

雷曼兄弟公司的垮臺，不僅引發全球金融界的極大恐慌，更讓許多熟諳華爾街的人感慨不已。因為雷曼兄弟公司不僅是重要的投資銀行巨頭，更是華爾街財富神話的象徵之一。

雷曼申請破產保護的消息一經宣布，標準普爾[6]五〇〇種股票指數立刻下挫三・六％，預示著當天上午的美股面臨大跌；同時，美元與歐元的比價應聲下跌。這一消息也重創了歐亞市場，印度、菲律賓、臺灣的股票跌幅均超過三％，歐洲股市更是全面慘跌，英國、法國、德國股票跌幅均超過四％。

在美國，企業一旦申請破產保護，它的債權人暫時不能去追究這個企業的債權，企業就有個喘息的時間，在申請破產保護的這段時間內可以想辦法走出困境。破產保護除了維護企業和個人的局部利益外，它還有利於防止出現大批的失業者，對緩解社會矛盾、保持社會穩定具有積極的意義。

❹【投資銀行】主要從事證券發行，承銷，交易，企業重組、併購，投資分析，風險投資，項目融資等業務的非銀行金融機構，是資本市場上的主要金融仲介。

投資銀行是證券和股份公司制度發展到特定階段的產物，是發達的證券市場和成熟的金融體系的重要主體，在現代社會經濟發展中發揮溝通資金供求、構造證券市場、推動企業併購、促進產業集中和規模經濟形成、優化資源配置等重要作用。投資銀行是美國和歐洲大陸的說法，英國稱為商人銀行，日本則稱證券公司。

❺【貝爾斯登公司】成立於一九二三年，總部位於紐約，曾經是美國華爾街第五大投資銀行，也是全球五百大企業之一。它是一家全球領先的金融服務公司，為全世界的政府、企業、機構和個人提供服務。公司業務涵蓋企業融資和併購、機構股票和固定收益產品的銷售，及交易、證券研究、私人客戶服務、外匯及期貨銷售和交易，以及資產管理和保管服務。貝爾斯登公司還為對沖基金、（續下頁）

擁有158年悠久歷史的雷曼兄弟公司，於2008年9月15日申請破產保護。

一向出言謹慎的美國聯準會前主席葛林斯班也表示，這是他職業生涯中所見最嚴重的一次金融危機。他說美國正陷於「百年一遇」的金融危機中，其誘發全球一系列經濟動盪的可能性正在增大。事實證明，葛林斯班並沒有危言聳聽，因為接下來幾個月內，全球眾多國家無不陷入危機之中。最可怕的是，**這場原本僅限於金融領域的危機，正慢慢滲透到各個國家的實體經濟，變成一場經濟危機**。

這場危機的起因，眾說紛紜，人們談及最多的辭彙就是次貸危機。所謂次貸危機又稱次級房貸危機，也稱為次債危機。事實上，**美國的次貸危機從二〇〇六年春季就已經逐步顯現，到二〇〇七年八月最終爆發，並席捲美國、歐盟和日本等世界主要金融市場**。

要弄清楚這次次貸危機的前因後果，必須從柯林頓當美國總統的時代說起。眾所周知，柯林頓在任時採取了寬鬆的經濟政策，美國經濟出現良好的發展趨勢。經濟的欣欣向榮必然帶來一些產業和行業的大發展，而在所有的行業中，房地產這個最關鍵的行業迅速發展，房價也節節攀升。

房地產商為了擴大規模賺取利潤，就通過宣傳房地產市場的美好前景來鼓勵民眾買房。大肆的宣傳使得房地產價格不斷上升，但同時也引發企圖通過轉手房地產賺錢的投機行為。於是，在房價上漲和投機者購買行為的相互刺激下，房價直線上漲，不過表面看來，美國的房地產業一片欣欣向榮。

但是，能買得起房子的人畢竟是有限的。由於美國個人經濟信用的限制，即使是中產階級也不能到銀行無限量地貸款買房。因此，真正有能力並願意把錢投入房地產的人很有限。當房產再也找不到購買群體，而房價仍在不斷上漲的時候，房地產商就把目光鎖定那些次級信用貸款者。向這樣的群體貸款風險很大，但正由於風險大，貸款利率也相對比一般的抵押貸款高很多。那些因信用紀錄不好或償還能力較弱，而被銀行拒絕提供優質抵押貸款的人，會申請次級抵押貸款購買住房。這樣龐大的群體與這樣高的利率，對金融投機者來說絕對是一個極大的誘惑。

在房價不斷走高時，次級抵押貸款生意興隆。即使貸款人現金流不足以償還貸款，他們也可以通過房產增值獲得再貸款來填補缺口。但當房價持平或下跌時，那些沒有實際支付能力的

經紀人和投資諮詢者提供融資、證券借貸、結算服務以及技術解決方案。二〇〇八年美國出現次貸危機，房地產泡沫破裂，貝爾斯登由於持有大量有毒資產，對其信心下降並兌現大量現金，導致貝爾斯登現金儲備基本為零，從而面臨倒閉。當時聯邦儲備委員會主席蓋特納發現，貝爾斯登破產具有相當大的系統性風險，便上報聯準會，之後聯準會決定救助貝爾斯登。由於貝爾斯登不是受管制的投資銀行，最終由聯準會提供資金給摩根大通，由摩根大通以每股二美元的低價收購。二〇一〇年一月，摩根大通決定不再繼續使用「貝爾斯登」的名稱。

❻【標準普爾】世界權威金融分析機構，由普爾先生於一八六〇年創立。標準普爾由普爾出版公司和標準統計公司於一九四一年合併而成。標準普爾為投資者提供信用評級、獨立分析研究、投資諮詢等服務，其中包括反映全球股市表現的標準普爾全球一二〇〇指數，以及作為美國投資組合指數的基準的標準普爾五〇〇指數等一系列指數。其母公司為麥格羅．希爾公司。一九七五年，美國證券交易委員會ＳＥＣ認可標準普爾為「全國認定的評級組織」。

人就會出現資金缺口。

由於之前的房價持續走高，銀行認為即使次級信用借款人無法償還貸款，他們還可以利用抵押的房屋來還——拍賣或者出售後收回銀行貸款。但銀行沒有想到的是，一旦房價走低而借款人又無力償還時，它即使通過出售房屋也不能彌補當時的貸款與利息，甚至無法彌補貸款額本身。或許是銀行也相信房價只升不跌的神話，以至於當形勢急轉直下，房價開始下滑時，銀行收回房屋的拍賣所得，無法彌補差價所帶來的資金損失。於是，各個銀行及涉及次貸業務的金融機構紛紛出現大量虧損，從而引發了次貸危機。

銀行為了規避潛在的風險，將手中的次級貸款轉變成債券，出售給同樣垂涎於豐厚利潤的投資機構和基金會。同時，銀行專門針對這類債券設計了相應的保險提供給次級貸款的購買者，以便從中獲利。

事實上，購買這種高利潤同時又是高風險劣質債券的，不僅僅是美國的投資者，還有大量的國外投資機構，乃至政府也紛紛參與。這無異於一場賭博，所有的投資者，都幻想著美國的房地產業會持續走高。整個世界逐漸在美國的次貸迷幻中越走越遠，就像一九二九年一樣，世界經濟再一次迷失了方向，一場懲罰性的危機於是到來。

金融危機與美國貿易政策

美國前財政部長魯賓，則從另一個角度，分析這場危機與美國貿易政策的關係。

魯賓分析說：事實上，事情並不複雜，俗話說「天下沒有白吃的午餐」。這句話要送給每個人包括分析家，對國家經濟而言，也不存在免費的午餐。

在人類貿易史上，各國總是千方百計地從其他國家獲取貿易順差，但進入二十世紀的後半期，美國對貿易順差的態度卻發生了根本轉變。從一九九五年至一九九九年擔任美國財長期間，魯賓眼睜睜地看著美國的貿易逆差，從一千七百三十七億美元上升至三千三百八十九億美元，翻了將近一倍。事實上，從一九八〇年以來，美國平均每年都有一千億美元左右的貿易逆差，並且呈加速度不斷增長，尤其在小布希任總統期間，美國的貿易赤字連續五年創出新高，二〇〇六年更是達到了七千六百三十五．九億美元的天文數字，在美國當年國內生產毛額中所佔的比例接近七％。按照傳統的貿易理論，當一個國家出現嚴重貿易逆差時，它的外匯儲備就會持續減少，本國貨幣就會出現貶值，甚至引發惡性通貨膨脹[7]。例如，一九八二年的拉丁美洲

[7]【惡性通貨膨脹】在經濟學上，惡性通貨膨脹是一種不能控制的通貨膨脹。惡性通貨膨脹沒有一個普遍公認的標準界定。一般界定為每月通貨膨脹五〇％或更多，但很多時候使用的比率會更低。多數的經濟學家認同的定義是「一個沒有任何平衡趨勢的通貨膨脹迴圈」。

西方學者認為，所有惡性通膨的共同特徵之一是大量增加貨幣供給，因為政府必須為惡性通膨導致的巨額預算赤字融資，隨著貨幣供給的大量增加，通貨膨脹會迅速發展。高通貨膨脹引起稅收實際價值迅速下跌，這反過來又增加了赤字。一般而言，更高的通貨膨脹率增加了政府的名義利率，從而增加了赤字。

西方學者認為，預算赤字與通貨膨脹之間具有一種雙向的互動關係。通過迫使政府為赤字融資發行鈔票，巨額預算赤字可以導致快速的通貨膨脹。高通貨膨脹反過來又增加了赤字。如果必須以貨幣手段融資的赤字非常大，因此而發生的通貨膨脹則會發展為惡性通貨膨脹。根據歷史上一些事例所提供的證據，持續的以貨幣融資的赤字達到GDP的一〇％至一二％，就足以引發惡性通貨膨脹。

債務危機、一九九七年的亞洲金融危機，都是由於貿易逆差導致外匯儲備減少而發生的。

但是，長期有貿易赤字的美國政府對此似乎不擔心。

小布希任期內的美國財政部長奧尼爾對此表示認同：「我任職了二十三個月，但因持有不同意見而被解職。」奧尼爾回憶說，對赤字問題毫不在意的小布希通過副總統切尼轉告他，白宮不再需要他這位財政部長的意見了。「事實上，在我和副總統關於這個問題的談話中，他告訴我，我們不必擔心赤字問題。這讓我非常震驚。」

然而，美國在維持巨額貿易逆差的同時，卻沒有發生惡性通脹。一九九一年至二〇〇一年期間，美國的通脹率一直在三%左右波動，從二〇〇一年小布希上任後八年間，美國的通脹也只有二%左右。那麼，美國是如何做到高逆差低通脹的呢？秘密就在於美元在全球經濟中的霸主地位。**美元是全球最重要的貿易結算、外匯交易和外匯儲備貨幣**，世界各國對美元的需求幾乎是無止境的，順差國紛紛把實實在在的商品出口到美國，換取美國印刷的「綠票子」。恰逢二十世紀九〇年代，全球絕大部分產品都生產過剩，因此，大量的進口產品價格持續下跌，美國大量進口商品，直接帶動美國的物價水準十餘年來不斷下降。而這一時期美國國內則大力發展高附加價值的工業產品和覆蓋全球的金融服務業，這使得它既得到了高增長，同時又避免了通貨膨脹。

賺取了美元的順差國把美元用到哪裡了？還是美國。美國最大的幾個貿易夥伴，同時也是美國國債最大的持有者。

二〇〇九年一月三十一日，中國國務院總理溫家寶就購買美國國債問題，回答記者的提問；溫總理指出，中國會不會購買更多的美國債券，以及人民幣會不會升值，「這是一個很敏感的問題，也是歐巴馬總統十分關心的問題。」他說，中國的外匯儲備這些年增長很快。中國實行外匯儲備的多元化，購買美國債券是其中一個重要部分，是否會繼續買、買多少，那要根據中國的需要，根據外匯安全、保值的要求來定。

美國國務卿❽希拉蕊於二〇〇九年二月二十日訪問中國時表示，美國希望中國能夠繼續購買美國債券，幫助歐巴馬推行經濟刺激計畫，幫助美國經濟重回正軌，並刺激美國對中國產品的進口。二〇〇九年三月十三日，中國總理溫家寶在中外記者見面會上，又被問到了購買美國國債的問題。溫家寶指出，在外

2009年，希拉蕊出任美國國務卿，成為美國歷史上的三位

❽【美國國務卿】美國國務卿設立於美國獨立之初的一七八九年。在美國的三權分立中，總統代表最高行政權力，國會則代表立法權力。為防止在外交上出現「兩權分立」、相互掣肘的問題，當時的眾議員麥迪森於一七八九年五月十九日提出議案，政府應設外交部和外交部長一職，因此，國務卿相當於外交部長。根據三權分立原則，國務卿不能參與國會的聽證會。國務卿由總統任命（經參議院同意），並對總統負責，是僅次於正、副總統的高級行政官員；是總統外交事務的主要顧問；也是內閣會議和國家安全委員會的首席委員。

匯儲備問題上，中國首先要維護國家的利益，同時也要考慮國際金融整體的穩定。中國是美國最大的債權國，美國又是世界上最大的經濟體，中國十分關注美國經濟的發展。歐巴馬總統新政府採取了一系列應對金融危機的措施，「我們期待這些措施的效果」。

溫家寶在回答美國記者，關於是否因美元貶值而擔心中國在美國的投資安全的提問時說：「我們把巨額資金借給美國，當然關心我們資產的安全。說句老實話，我確實有些擔心。因而我想通過你，再次重申要求美國保持信用，信守承諾，保證中國資產的安全。」就在溫家寶講話的當天，美國總統經濟事務助手、被正式提名為白宮國家經濟委員會主任的薩默斯作出回應：中國對美證券投資是安全的。歐巴馬總統已作出明確承諾，對於投資的資產，美國將是「可靠的管理者」。

二〇〇九年三月十四日，美國總統歐巴馬在白宮會見來訪的巴西總統盧拉之後，回答記者提問時說：不僅是中國政府，每一個投資者，都應該對在美國的投資安全性抱有絕對信心，對美國國庫券、政府債券的投資以及對私營部門、商業和工業的投資都是如此。美國媒體把溫家寶的「溫和責備」看作是中國對美「展露肌肉」，表明北京與華盛頓的談判本錢越來越多，相當於對美發出「經濟威脅」。

沈繼如對此評論說：「沒有中國去買美國的國債，美元能穩定嗎？美國沒辦法要德國買，德國買不了那麼多國債，日本也才買了七千多億美元，而中國買了將近八千億美元，比日本還多。」

在美國國內的分析人士看來，**中國對美國國債的持有和賣出的權力，無異於一種足以威脅**

美國談話權和行動權的核武器。美國人把它稱為「金融戰」。

原因在於：利用他國國債來進行要脅，這是美國人自己慣用的手法。這是一種核武器，基本上他們能得到他們想要的一切。一九五六年，埃及要求英法兩國結束對蘇伊士運河長達八十七年的佔有，將運河歸還埃及。前蘇聯稱他們將會支持埃及的民族要求。站在自己的立場上，美國並不希望發生任何軍事鬥爭，便要求英法主動撤出運河。在遭到拒絕之後，美國動用了它的金融戰手段：因為當時美國持有大量的英國國債，美國威脅將部分甚至全部拋售這些英國國債，而這將會摧毀英國的貨幣體系。結果，短短幾週之後，英法軍隊全部從蘇伊士地區撤走。西方歷史學家認為：大不列顛帝國在那一刻不復存在。

時殷鴻評論說：「這個時候，美國政府特別深切地感受到對中國金融的依賴。也就是特別體現為中國大量購買美國國債和其他美元資產，幫助美國在金融危機之下渡過難關，這也延緩了美國政府在貿易問題上對中國施加壓力的時間……」

14 充滿變局的新世界

由於華爾街風暴的強大破壞力，越來越多人開始質疑美國究竟給世界帶來了什麼。再加上經濟實力的悄然變化，世界格局充滿了變數。

無法預知的世界貿易

既然僅僅靠印刷美元就能換來全世界的商品，那有什麼理由不去享受呢？全球油耗最高的車在美國生產；家電更新的速度美國最快；佔世界人口五%的美國人消耗著世界三分之一的資源，每人平均能源消耗量是全球平均水準的九倍，每人平均產生垃圾量是全球平均水準的三倍，溫室氣體[9]排放量是全球平均水準的八倍。美國式的貿易創造了美國式的生活。

沈繼如評論道：「進口這麼多勞動密集型又價廉物美的產品，降低了美國的消費者物價指數（CPI），也就是說美國的通貨膨脹率因此受到遏止。」

美國經濟學家史迪格里茲[10]提出一個著名的理論——「**史迪格里茲怪圈**」，他發現，**許多新興市場國家在以較高的代價從已開發國家引進過剩資本後，又以購買美國國債和證券投資等低收益形式，把借來的資本倒流回去，新興市場付出勞動、資源和破壞環境的代價，輸出了商品**

和服務，得到的僅僅只是已開發國家的一張債券。史迪格里茲認為，這是**經濟全球化中金融霸權對開發中國家進行的貿易掠奪。**

沈繼如也持相同觀點：「美國通貨膨脹率下降、減少，這意味著銀行可以不用加利息。如果通貨膨脹率很高，銀行就要加息，而加息就不利於整個社會的經濟活動。」

美國經濟學家史迪格里茲提出「史迪格里茲怪圈」的著名理論，2001年獲得諾貝爾經濟學獎。

執掌美國聯準多年的葛林斯班，長期實行低利率政策，以此刺激美國經濟。但當美國政府不斷製造的鈔票越來越多回流到美國市場時，它們摒棄了那些缺乏競爭力，而且投資週期過長的製造業，轉而投向回報更高的房地產和金融市場。急劇放大的金融泡沫終於通過次貸危機破滅了。在分析這次危機的原因時，葛林斯班依然認為低利率沒有錯，錯的是美國的消費和貿易。

❾【溫室氣體】大氣中能吸收地面反射的太陽輻射，並重新發散輻射的一些氣體，如水蒸氣、二氧化碳、甲烷和臭氧等。它們的作用使地球表面變暖，類似於溫室截留太陽輻射並加熱溫室內空氣的作用，這種溫室氣體使地球變得更溫暖的影響就稱為「溫室效應」。

❿【史迪格里茲】美國經濟學家、哥倫比亞大學教師，一九七九年獲得約翰·貝茨·克拉克獎，二〇〇一年獲得諾貝爾經濟學獎。曾擔任世界銀行資深副總裁與首席經濟師，提出「經濟全球化」的觀點；還曾經在國際貨幣基金組織任職。二〇〇八年，他針對華爾街的房產泡沫，提出了對金融改革的幾點看法。

他曾經說：「我們試圖消費多於我們生產的商品，短期內我們可以這樣做，但很明顯無法長久。」

曾經依靠金融霸權在全球貿易戰中屢戰屢勝的美國，如今遭遇金融重創，這讓許多新興市場看到了爭奪貿易發言權的曙光。但臨危受命的美國總統歐巴馬上任時就向外界發出信號：美國不會繼續當全球最後的消費國和進口國，他表示美國必須從消費型經濟轉為出口導向型經濟，必須從依賴金融活動轉向發展實業。二〇一〇年三月，歐巴馬更公布了一項擴大出口的計畫，旨在通過更加嚴格地執行貿易法律、提高政府支持力和向中小企業提供更多信貸的辦法，提高一倍美國的出口額。就在美國這個全球最大的進口國要大力發展出口的時候，二〇一〇年四月，中國這個世界上最大的出口國的商務部，公布了一份名為《後危機時代中國外貿發展策略》的研究報告，該報告簡單明瞭地指出，中國將推動貨物和服務貿易雙雙實現「倍增」。還沒有走出金融危機寒冬的全球貿易，再次充滿了變數。

對美元的質疑

二〇〇九年三月十八日，美聯準會決定購買美國國債，於是開動印鈔機，加印一萬億美元鈔票救市，這一做法除了稀釋欠賬，還導致國際市場上的貴重金屬、糧食、原油等以美元結算的大宗商品價格上漲。

「此次金融危機的爆發與蔓延，使我們再次面對一個古老又懸而未決的問題，那就是什麼樣的國際儲備貨幣才能保持全球金融穩定、促進世界經濟發展。此次金融危機表明，這一問題不僅遠未解決，由於現行國際貨幣體系的內在缺陷，反而越演越烈。」

這是周小川在二〇〇九年三月二十三日發表署名文章時所做的一段表述。世界上最大的美元儲備國的央行行長，宣導**建立一種超主權儲備貨幣**⑪**以替代美元**。周小川此言一出，引起全世界對改變現有國際貨幣體系的討論和回應。

周小川的文章發表後，包括總統在內的美國金融經濟「三巨頭」——歐巴馬、蓋特納和柏南克——都紛紛喊話回應，聲稱美元絕不會退位。蓋特納回應周小川的觀點時原本說他對有關的觀點持開放態度。不料此言一出，美元立刻應聲大跌，蓋特納趕緊改變說法，明確地表示：美元的國際貨幣儲備通用地位不會改變。

兩個月後，俄羅斯克里姆林宮的官員聲稱，「**金磚四國**」的成員，包括巴西、俄羅斯、印度將會和中國一起討論超主權貨幣問題，因為**美國的經濟危機改變了人們對美元的看法**。俄羅

---

⑪【超主權國際儲備貨幣】一種超脫國家主權，並能保持幣值長期穩定的國際儲備貨幣。中國人民銀行於二〇〇九年六月二十六日公布《中國金融穩定報告》，這是自二〇〇九年三月以來，中國央行正式提議創設超主權國際儲備貨幣。改革國際貨幣體系，推動國際儲備貨幣向著幣值穩定、供應有序、總量可調的方向邁進，從根本上維護全球經濟金融穩定。

避免主權信用貨幣作為儲備貨幣的內在缺陷，需要創造一種與主權國家脫鉤、並能保持幣值長期穩定的國際儲備貨幣，充分發揮特別提款權（ＳＤＲ）的作用，由ＩＭＦ集中管理成員國的部分儲備，增強國際社會應對危機、維護國際貨幣金融體系穩定的能力。

中國央行報告強調特別提款權應充分發揮特別提款權的作用，由ＩＭＦ集中管理成員國的部分儲備，降低對現有少數儲備貨幣的過度依賴，增強國際社會應對危機、維護國際貨幣金融體系穩定的能力。

斯總統梅德韋傑夫認為，需要考慮建立新的儲備貨幣代替美元，因為目前這一場危機證明布雷頓森林體系已經失效。

其實，周小川的主張並不新鮮。之前已有許多學者曾提出建立超主權的世界貨幣和世界中央銀行或類似的國際金融機構的改革方案。美國經濟學家庫珀最早建議，成立一個類似於美國聯準會體系的統一世界公開市場委員會，由這一委員會代替各國央行來執行貨幣政策。**改革的目標是建立超主權的世界貨幣和世界中央銀行，最後統一世界貨幣**。比較激進的理想主義方案還包括莫里斯．阿萊提出的，在國際上完全放棄以美元為貨幣、匯兌貨幣和儲備貨幣的記賬單位；將WTO和IMF合併為一個組織，成立地區性組織，禁止各大銀行為了自己的利益在外匯、股票和衍生產品方面從事投機活動，通過適當的指數化在國際上逐步實行共同的記賬單位等設想。埃及經濟學家薩米爾．阿明也提出了，將國際貨幣基金組織改造成全球中央銀行的四點設想。

但政治人物的主張與學者的提議不同，前者忽視不得。作為全球擁有最多外匯儲備國央行行長的提議，就更加忽視不得。有人認為，周小川結束美元時代的提議不是恐嚇，而是在昭示一種可能，同時強烈質疑美國聯準會大開印鈔機的強盜行徑。周小川的主張不僅代表他個人，也代表中國政府的主張，並在一定程度上也代表其他新興經濟體的意見。之前俄羅斯已經提出過類似主張，之後國際貨幣基金組織和聯合國等國際組織也對周小川的主張作出積極回應。諾貝爾經濟學獎得主、曾撰寫聯合國報告的美國哥倫比亞大學教授史迪格里茲，在二〇〇九年三月二十四日的記者會上表示：「世界上美元外匯儲備最多的中國，公開批評以美元為中心的國際貨幣體系，並提議建構新的貨幣體系，這一點誰也沒有想到。」他還說，「以國際貨幣基金的特別提款權替代美元是最快的途徑，但我認為，從長期來看，最好應成立新的國際儲備貨幣機構。」英國《金融時報》在二〇〇九年三月二十五日，即以社論批評形式作出了積極回應。該報社評稱周小川的觀點是「嚴肅的」、「值得一聽的」。

沈繼如對此事的評論是：「歐盟也積極主張開發中國家，特別是中國，在國際貨幣基金組織和世界銀行裡有發言權。這個發言權是由股權來決定的；你要增加中國的股權，美國的心情當然是複雜的。因為過去這兩個組織是美國說了算。」

已開發國家與開發中國家的博弈

在二〇〇九年九月召開的二十國集團（G20）匹茲堡金融高峰會上，與會領導人達成共識並發表《領導人聲明》。G20領導人承諾，將新興市場和開發中國家在國際貨幣基金組織的分額，至少增加五%，將開發中國家和轉軌經濟體在世界銀行的投票權，至少增加三%。

中國社科院國貿研究室主任宋泓評論這種變化說：「這個變化反映了全球各國家影響力的改變，特別是開發中國家，這是它們在全球經濟地位上升的表現。」

這份聲明還承諾：各國領導人將盡力爭取在哥本哈根舉行的聯合國氣候變化大會上，通過相關談判達成協議。這次會議同樣成為正在崛起的開發中國家和以美國為代表的已開發國家，為了捍衛自身利益，進行的一場馬拉松式的角力。當然，整個過程是跌宕起伏的，鬥爭也非常激烈複雜。

一百九十二個國家參與談判，一百一十五位國家元首到會，談判持續了十天。中間曾經幾次因為爭執激烈致使談判代表退出談判。代表七十七國集團和中國發言的蘇丹外交官迪亞平在現場說，這份聲明內容是不可接受的，「對已開發國家，我要說，這是你們需要的協定，不是我們需要的。」因為該聲明違背了《聯合國氣候變化框架公約》⑫確定的原則。開發中國家希望已開發國家還清其資本主義發展初期所欠下的環境債，希望他們加大減排量；而已開發國家則要求新興的開發中國家，比如中國，承擔更多的減排量。

為什麼已開發國家會提出這樣的條件，二〇〇九年G 20中國代表團團長解振華有著獨到的見解：「哥本哈根會議，是一場已開發國家和開發中國家之

2009年12月7日到12月19日，《聯合國氣候變化框架公約》締約方第15次會議，在丹麥首都哥本哈根舉行。

間爭奪發展權的激烈較量。已開發國家的目的，是利用氣候問題限制開發中國家的發展。」

已開發國家限制中國對二氧化碳氣體的排放量，就是希望依靠不斷的技術創新來增加開發中國家的成本，藉此削弱中國的相對競爭優勢。在目前艱難的經濟環境下，有關氣候主題的談話，實質是已開發國家希望利用氣候問題限制開發中國家的發展。在氣候大會上，中國的談判代表以非常強硬的姿態捍衛自身的利益。

解振華回憶談判過程說：「我們的談判代表完全是按照高線在打，給後頭我們國家領導人與會，創造一個很大的活動空間。」

談判幾近破裂之際，溫家寶總理出面斡旋。最終中國承諾，中國單位國民生產毛額的二氧化碳排放，在二〇二〇年比二〇〇五年下降四〇%至四五%，而美國將捐獻一千億美元建立一

⓬【《聯合國氣候變化框架公約》】一九九二年五月二十二日，聯合國政府間談判委員會就氣候變化問題達成的公約，並於同年六月四日在巴西里約熱內盧舉行的聯合國環發大會上通過。《聯合國氣候變化框架公約》是世界上第一個為全面控制二氧化碳等溫室氣體排放，以應對全球氣候暖化給人類經濟和社會帶來不利影響的國際公約，也是國際社會在對付全球氣候變化問題上進行國際合作的一個基本框架。

公約將參加國分為三類：

1. 工業化國家。這些國家答應要以一九九〇年的排放量為基礎進行削減，承擔削減排放溫室氣體的義務。如果不能完成削減任務，可從其他國家購買排放指標。美國是唯一沒有簽署《京都議定書》的工業化國家。
2. 已開發國家。這些國家不承擔具體削減義務，但承擔為開發中國家進行資金、技術援助的義務。
3. 開發中國家。不承擔削減義務，以免影響經濟發展，可以接受已開發國家的資金、技術援助，但不得出賣排放指標。

個基金，對氣候和減排工作進行援助。

會議結束之後，英國《金融時報》發表評論說，中國在這次會議中展現的強勢作風，讓身為全球領袖形象的美國相形失色，這也見證了世界新秩序的誕生。

解振華對此評論說：「會議最終還是取得了對開發中國家較為有利的成果，符合中國談判的預期。」

15 中國的未來，世界的未來

在這場世界變局過程中，中國究竟該如何面對？又如何才能進一步增強實力，重回世界的舞台？不光中國人在關心這樣的問題，整個世界都在關注。

警惕可能發生的貿易戰爭

中國正在以它不容忽視的力量在世界舞臺上崛起，然而，中國在未來的經濟發展中仍然面臨許多需要處理的問題。首先，當我們問哪個國家是全世界的製造業大國時？從全球貿易的數字來看，應該是中國。

全世界的貿易資料顯示：排在第一位的是中國，排在最後一位的是美國。然而在世界銀行⑬

⑬【世界銀行】成立於一九四五年十二月二十七日，一九四六年六月開始營業。凡是參加世界銀行的國家必須是國際貨幣基金組織的會員國。世界銀行集團目前由國際復興開發銀行（即世界銀行）、國際開發協會、國際金融公司、多邊投資擔保機構和解決投資爭端國際中心，五個成員機構組成，總部設在美國首都華盛頓，世界銀行僅指國際復興開發銀行和國際開發協會。「世界銀行集團」則包括其他三個機構，即國際金融公司、多邊投資擔保機構和解決投資爭端國際中心。這五個機構分別側重於不同的發展領域，但都運用其各自的比較優勢，協力實現其共同的最終目標——減輕貧困。（續下頁）

的資料中，我們卻不難發現，美國的工業生產總值[14]在世界中佔的分額仍然高達二一％，位居全球之首。美國智庫用一個很形象的表格對比了中國和美國的產品價值：單位時間內，從中國工廠裡每生產出價值一美元的服裝、玩具等產品，美國工廠就生產出價值二．五美元的產品。因為美國工廠生產的是飛機、通信設備、人造衛星等高附加值、高成本的產品。

美國《華盛頓郵報》發表題為〈美國：被遺忘的製造業強國〉一文敘述，美國人口不到世界人口的五％，製造業的產值卻佔全球產值的近四分之一。據美國經濟分析局的資料顯示，在一九七七年至二〇〇五年期間，美國製造業的產值從一．三萬億美元增長到歷史最高的四．五萬億美元。

歐巴馬總統說：我們需要開發新能源，創造就業機會，建造新學校，迎接挑戰和威脅，並修復與盟國的關係。

歐巴馬政府更清楚地表明，美國將糾正自身對金融產業的長期依賴。因為它已經使美國的經濟變得脆弱，使美元的強勢地位開始動搖。二〇〇九年二月十三日，歐巴馬政府制訂的總額為七千八百七十億美元的經濟刺激計畫出爐。該計畫中約三五％的資金用於減稅，六五％用於投資。然而，在這項刺激計畫中，還包含了兩個「買美國貨」的條款：一是要求在由刺激資金支出的公共建築和公共工程中使用美國生產的鋼材、鐵和製成品，當基於公眾利益的考量，或無法獲取，或成本不合理時，可以例外；另一條款要求美國國安部購買美國生產的紡織品和服裝，在無法獲取等情況下可以例外。這無疑為美國的製造業撐起了貿易保護傘。

「購買美國貨」的條款一出現，立刻成為輿論關注的焦點，可以說，美國的貿易保護主義立刻引起世人的不安。於是，各國政要以及美國專家、學者均表示強烈關切，一些人還苦口婆心地勸導美國政府不要實行貿易保護。這種貿易保護政策率先在歐洲和加拿大引發抗議風暴。這兩個地區每年都要向美國出口大量鋼材。加拿大總理哈珀最早公開對該條款表示不滿，聲稱將對此事「嚴重關切」；歐盟貿易代表阿什頓也說，如果美國國會通過禁用外國產品的振興經濟法案，歐盟「絕不會坐視不管」；法國總統薩科奇也發出強烈的警告。他說，如果美國堅持以制訂「買國貨」條款等方式保護自身相關產業，歐洲聯盟也應該採取類似的強硬措施保護自身。

外界的壓力迫使美國對有關條款作出修改。

國際輿論（包括美國輿論）對歐巴馬政府提出的「購買美國貨」條款反應如此激烈，很大程度上是因為，八十年前美國胡佛政府犯下錯誤，給世界帶來巨大災難記憶猶新，並且不約而同地將美國這一自私短視的貿易保護主義條款，與二十世紀三〇年代初美國「經濟大蕭條」時期，美國政府推出的「斯穆特-霍利法案」相提並論。

它向成員國提供優惠貸款，同時，世界銀行向受貸國提出一定的要求，比如減少貪汙或建立民主等。現今，世界銀行的主要幫助對象是開發中國家，幫助它們建設教育、農業和工業設施。

⑭【工業生產總值】以貨幣表現工業企業在報告期內，生產的工業產品總量。工業總產值按「工廠法」計算，也就是以工業企業作為一個整體，按企業工業生產活動的最終成果計算。工業生產總值包括成品價值、對外加工費收入，和自製半成品在產品期末期初的差額價值。計算工業生產總值採用兩種價格，即不變價格和現行價格。

隨後，曾經強烈譴責美國的法國，也因汽車業援助計畫受到指責。法國政府決定向中國汽車製造商雷諾和標誌、雪鐵龍各提供三十億歐元優惠貸款，幫助其渡過難關。汽車製造商也以不成文方式向法國政府承諾，不關閉設在法國的工廠。這一做法也被認為是貿易保護主義行為。歐盟委員會要求法國作出解釋，以確保成員國遵循歐盟自由貿易章程、摒棄貿易保護主義。歐盟負責競爭的委員警告說，一旦證實法國政府救援汽車業時暗中推行貿易保護主義，則可能要求它退還剛獲批不久的數十億歐元的汽車業救援資金。法國因此重申反對貿易保護主義的立場。

除此之外，不少國家相繼提高了進口貿易壁壘，希望本國市場能夠最大限度地消化本國產品，以此幫助本國經濟恢復增長。例如：印度宣布對進口豆油開徵二〇%的進口稅；印尼宣布對至少五百項產品實施進口管制；俄羅斯、巴西和阿根廷也紛紛調高部分產品的進口關稅……貿易保護在金融風暴中以燎原的態勢蔓延全球。在金融危機的考驗中，五花八門的貿易保護政策正在你方唱罷我登場。

不可否認，貿易保護主義對多數國家都有吸引力，尤其是在經濟不景氣的情況下。正是因為實施貿易保護可以獲得暫時的或者局部的好處，有些國家忍不住藉刺激經濟之名，偷偷摸摸進行貿易保護。有些國家甚至還會以此來安撫國內的不安定情緒，或者轉移人們對國內矛盾的注意力。

中國國務院發展研究中心隆國強評論說：「從歷史經驗來看，往往國內經濟形勢不好的時候，就會尋求各種各樣的解脫之道，包括刺激經濟，當然也包括向外界尋求保護，保護自己的市場。」

目睹各國在危機面前不斷開啟貿易保護措施，世界銀行行長佐利克警告說：「經濟孤立主義，可能導致我們重複在二十世紀三〇年代曾經目睹的一連串事件，使形勢雪上加霜。」

據世貿組織發布的統計資料顯示，二〇〇九年全球貿易量下降一二%。這是繼第二次世界大戰結束以來，世界貿易所經歷過的最大跌幅。而就在這一年，中國對外貿易進出口總值同比減少一三·九%。全年貿易順差同比減少三四·二%。隆國強評論說：「在危機爆發以後，全球的貿易保護是會抬頭的。它跟危機有直接的關係。」

打好貿易保護防衛戰

不管中美兩國各自如何解讀兩國之間的關係，兩國的合作還是倍受關注。歐巴馬總統上任一個星期後，與胡錦濤通電話，將美中關係定調為「最重要的雙邊關係」。

倫敦金融峰會前夕，世界銀行行長佐利克和首席經濟學家林毅夫聯名在《華盛頓郵報》發表文章指出，沒有中美兩國合作取得堅實的成果，G20高峰會議的結果一定會令人失望。還有一些人把中國國家主席胡錦濤和美國總統歐巴馬在高峰會頭一天舉行的雙邊會晤，看得比G20高峰會本身還要重要，認為G20高峰會能否成功，很大部分取決於兩國領導人會晤能否成功。更偏頗的是，認為倫敦金融高峰會名義上是G20的「群英會」，實際上卻是中美兩國的「雙雄會」。會見美國總統歐巴馬，是中國國家主席胡錦濤抵達倫敦後的首場特別安排活動，中美互動及其各自將在峰會上所扮演的角色備受關注。

二〇〇九年三月三十一日，中國國家主席胡錦濤在出席金融峰會前接受採訪時指出，當前，國際金融危機仍在蔓延和深化，國際金融市場仍處於動盪之中，全球實體經濟受到的影響越來越明顯，應對國際金融危機、推動恢復世界經濟增長當前國際社會共同面臨的嚴峻挑戰。

面對複雜多變的國際經濟形勢，當務之急：一，是要儘快穩定國際金融市場，切實發揮金融對實體經濟的促進作用，提振民眾和企業的信心；二，是要採取符合各自國情的刺激經濟方案，加強各國宏觀經濟政策的協調，共同實現保護發展、保護就業、保護民生；三，是要努力抑制貿易和投資保護主義，減少危機世界各國，特別是對開發中國家造成的損害；四，是要按照全面性、均衡性、漸進性、實效性原則，推動對國際金融體系進行必要地改革，避免類似的危機重演。

在倫敦峰會上，中國國家主席胡錦濤成了焦點中的焦點。不管是有意還是無意，無論是宴會座位的安排，還是照相時站立的位置，都被解讀為受到最高的禮遇。英國《衛報》報導，唐寧街晚宴的席位安排是重要的看點，宴會主人布朗坐在宴會桌一側的中央，他右側的那個座位眾人矚目，結果胡錦濤被

世界銀行首席經濟學家林毅夫。

安排在這個座位。還有人指出，在G20元首的團體合照中，胡錦濤端坐在前排，「有如眾星拱月」，美國總統、俄羅斯總統則站在第二排。

胡錦濤的呼籲與期許

胡錦濤主席在倫敦峰會上發表了題目為「攜手合作，同舟共濟」的講話。

胡錦濤主席指出，這場國際金融危機是在經濟全球化深入發展、國與國相互依存日益緊密的背景下發生的，任何國家都不可能獨善其身，合作應對是正確選擇。

在全球金融體系改革方面，胡錦濤主席繼續提出了他全面、均衡、漸進、實效性的原則，努力推動國際金融秩序不斷朝著公平、公正、包容、有序的方向發展。胡錦濤還提出了六點具體建議，其中包括制定國際金融監管標準和規範，建立早期預警機制；有關國家和地區的金融機構應該積極拓寬融資管道，堅持權利和義務平衡、分攤和自願相結合的原則，多種方式籌集資源；讓金融穩定論壇發揮更大作用；讓國際貨幣基金組織監督主要儲備貨幣發行體的宏觀經濟政策和貨幣發行政策；提高開發中國家在國際貨幣基金組織和世界銀行的代表性和發言權；保持主要儲備貨幣匯率相對穩定，促進國際貨幣體系多元化、合理化。

胡錦濤還號召各國進一步反對貿易保護主義。他指出，任何國家和地區都不應藉刺激經濟之名、行保護主義之實；不但要反對以保護本國就業為由，歧視外國勞務人員的做法，反對以各種藉口提高市場准入門檻，和各種以鄰為壑的投資保護主義行為，還要反對濫用貿易救濟措施。胡錦濤希望有關國家放寬對開發中國家不合理的出口限制，努力擴大雙邊貿易規模。

胡錦濤還特別指出，國際金融危機帶給中國前所未有的困難和挑戰。這場危機與中國發展方式轉變、經濟結構調整的關鍵時期不期而遇，新的挑戰與既有矛盾相互交織，增加了解決問題的難度。中國及時調整宏觀經濟政策，果斷實施積極的財政政策和適度寬鬆的貨幣政策，形成了進一步擴大內需、促進經濟增長的一系列計畫。中國大規模增加政府支出，實施總額四萬億元人民幣的兩年投資計畫，實行結構性減稅政策，多次降息和增加銀行體系流動性，大範圍實施產業調整振興規畫，大力推進科技創新和技術改造，大力加強節能減排和生態環境保護，繼續調整國民收入分配格局，大力拓展國內市場特別是農村市場，大幅度提高社會保障水準。雖然國際金融危機對中國實體經濟的不利影響繼續顯現，但中國經濟發展的基本態勢和長期向好趨勢沒有發生根本變化，支撐中國經濟持續較快發展的根基沒有動搖。面對國際金融危機的衝擊，中國將繼續堅持對外開放的基本國策，始終不渝地奉行互利共贏的開放策略。中國人堅信，一個充滿活力、更加開放的中國，不僅有利於穩固中國經濟較快的發展勢頭，而且有利於國際社會共同應對國際金融危機、促進世界和平與發展。

胡錦濤在倫敦金融峰會上的言論，為會議提出指導性的意見。從G 20金融高峰會閉幕後發表的正式公報來看，中國的建議全部被大會接受。對比高峰會公報確定的六個奮鬥目標和中國提出的四點建議可以發現，第一個議題是復甦全球經濟，中國把恢復金融市場放在第一位，切中應對金融危機的實質。第二個建議是加強經濟刺激，經濟復甦不可能自動發生，必須努力爭取，恢復金融市場的目的正是為了經濟復甦。第三個建議是抑制保護主義。第四個建議是金融體系改革。公報的最後一個議題是幫助開發中國家，這一點也是中國最關注的。由此可以看出中國的觀點受到重視的程度。可以說，會議的成果超出先前預期。

比起中國主席的積極建言，美國總統歐巴馬在倫敦金融高峰會上的表現卻相對低調。他說，自己出席金融峰會主要是聽取意見，而不是說教。由於美國歷來的強硬做法受到批評，再加上因金融危機在美國爆發而備受譴責，歐巴馬的低調同樣可以被看作是對會議成功作出的積極貢獻。從歐巴馬近期的所有講話中，人們聽到的都是強調團結合作，絲毫沒有戰爭的威脅和叫囂。

峰會的重要成果還體現在所達成的具體協議中，包括將國際貨幣基金組織的可用資金提高兩倍、支持最新特別提款權配額、支持多邊發展銀行的額外貸款等協議共同組成的一．一萬億美元的扶持計畫。峰會決定通過全球金融機構追加八千五百億美元可用資金，用來為逆週期支出、銀行資本充足、基礎設施建設、貿易融資、支持國際收支平衡、新債替舊債和社會支持提供資金，從而支持新興市場和開發中國家的成長。為此，公報同意通過成員國直接融資，向國際貨幣基金組織提供二千五百億美元可用資源，隨後共同達成一個規模更大、更加靈活的新的貸款安排，再增加最高為五千億美元的貸款，並考慮是否有必要向市場舉債。

公報承諾，努力把包括財政政策和支持金融業行動在內的各國國內政策、行動對貿易和投資的任何不利影響降至最低程度，絕對不奉行金融保護主義，尤其不限制世界範圍內的資本流動政策。相反的，峰會還承諾採取一切能力所能及的行動來促進和推動貿易及投資，將繼續致力於在多哈發展議程達成一個積極和兼顧各方的協議。

倫敦金融峰會儘管未能就全球儲備貨幣問題形成一致意見，但在設立全球金融監管系統方面達成一致。峰會決定創立金融穩定委員會，改革國際貨幣基金組織和世界銀行。峰會確定於二〇一〇年十一月在蘇格蘭召開的各國財長會議上提交報告，進行一次整體的特別提款權分配，並設定時間表，要求國際貨幣基金組織，在二〇一一年一月之前完成下一次配額審查，並要求世界銀行執行二〇〇八年十月確定的改革方案，在二〇一〇年春季的會議上，就發言權和代表權改革達成一致。峰會同意，國際金融機構的首席代表應該通過公開、透明的優選程式來指派。在這方面，美國和歐盟作出了重要的妥協，美國和歐盟長期統治上述兩個機構的歷史可能由此發生改變。

中美關係也因倫敦峰會得到進一步改善。在G20金融高峰會召開前夕進行的「胡歐會」上，歐巴馬再次表示，美中關係是世界上最重要的雙邊關係。他還欣然接受中方邀請，同意當年下半年訪華；兩國還同意定期舉行中美策略和經濟對話，中方由副總理王岐山和國務委員戴秉國帶隊，美方則由國務卿希拉蕊和財政部長蓋特納領銜。

除了加強與美國等已開發國家的合作，中國也非常重視與廣大開發中國家的合作。近年來，為了減少對美元的依賴，盡可能避免因美元貶值而遭受巨大損失，中國已同有關國家和地區簽署了總額達六千五百億元人民幣的雙邊貨幣互換協定，還將根據需求簽署更多類似協定。**二〇〇九年五月十九日，中國和巴西簽署了石油供應協議，中國向巴西提供一百億美元的貸款，換取未來十年來自巴西每天二十萬桶原油的供應。**巴西從中國獲得的貸款，將用於從中國購買貨物和服務等投資。另外，巴西還和中國磋商在雙邊貿易中使用各自的貨幣結算。此前，巴西已和阿根廷簽署類似的協定。

在金融危機已經使國際市場大幅萎縮的情況下，貿易戰只能使已經十分惡劣的貿易環境雪上加霜。這也正是倫敦金融峰會能夠作出不搞貿易保護承諾的根本原因。只要這些承諾和協議能夠得到遵守，世界經濟就有可能較快走出金融危機的陰影。因此，各國必須盡可能克制本國的貿易保護傾向，國際社會也必須嚴陣以待，密切關注各國的動向，一旦出現貿易保護主義苗頭，就要堅決加以抵制。但在現實經濟條件下，各國出於自身利益的考量，貿易保護主義不斷上演，國際貿易市場一片混戰。為應對危機，各國必須齊心協力打好這場貿易戰爭防衛戰。

面對人民幣升值的壓力

二〇〇九年十一月，白宮一反經濟危機後低調簡樸的作風，在南草坪搭起能夠容納數百人的大型戶外帳篷。這是新上任的總統歐巴馬首次在白宮舉行國宴款待外國元首。帳篷內不僅特意準備了印度的特色咖哩佳肴，還演出印度歌舞。美印政府已經結束「冷戰」時代的不和，儘管兩國關係還存在諸多尚未解決的問題，但在這次的帳篷晚宴上，歐巴馬對來訪的印度總理辛格承諾，美國將和印度攜手致力於經濟復甦，為美國和印度創造更多的就業機會。而辛格也表示，美國和印度的兩國經濟關係一直是「雙向流動」的，美國企業大量投資於印度高科技產業；與此同時，印度的汽車、拖拉機、藥品和軟體生產商，也都在美國投資並創造就業機會。事實上，當時美印雙方的貿易額已經增至近五百億美元，這一貿易額比一九九〇年翻了十倍。和中國一樣，美國也是印度的最大貿易夥伴。

中國貿經院院長霍建國評論說：「特別是『金磚四國』，包括俄羅斯、印度、巴西，也算

2009年11月，白宮一反經濟危機後低調簡樸的作風，在南草坪搭起能夠容納數百人的大型戶外帳篷。在這次的帳篷晚宴上，歐巴馬對來訪的印度總理辛格承諾，美國將和印度攜手致力於經濟復甦，為美國和印度創造更多的就業機會。

是新興經濟體的代表。它們和中國相互較勁，所以在貿易的結構上可能有一定的衝突。」

美國媒體評論：歐巴馬高調接待印度的到訪者，與發展亞洲的其他貿易夥伴不無關聯。根據剛剛公布的數據，二〇一〇年四月美國的失業率仍高居九．九％附近。而歐盟統計局的數位顯示，整個歐元區的失業率仍然保持在自歐盟成立以來的最高紀錄一〇％，而受希臘債務危機拖累的西班牙，失業率更是高達一九．一％。和歷史相比，歐盟此時明顯處於一個相當困難的時期。

而美國也開始逐漸對人民幣施壓，二〇〇八年九月，美國參議院通過《二〇〇七年貨幣匯率監督改革法案》，試圖對人民幣匯率施加壓力，但該法案最終遭到布希總統否決。二〇〇九年一月二十一日，美國新任財政部長蓋特納一上臺就指責人民幣匯率，還聲言是代表歐巴馬總統的意見。二〇一〇年，一百三十名美國議員聯名要求歐巴馬政府將中國列為匯率操縱國，這是繼美國鋼鐵工人聯合會呼籲美國政府將中國列為匯率操縱[15]國之後，美國團體再次針對中國人民幣匯率問題集中發難。

這無疑令已經面臨巨大壓力的中國出口市場雪上加霜。針對美國政府的百般責難，溫家寶總理曾多次表明中國政府的立場。

二〇〇九年一月三十一日，中國總理溫家寶就人民幣匯率問題，回答記者的提問。溫家寶認為，在金融危機面前，保持人民幣匯率在合理均衡水準上的穩定，是極為重要的。這不僅有利於中國，也有利於世界經濟。

第二天，溫家寶總理在倫敦接受英國《金融時報》主編巴伯的專訪時，被問到對美國財長指責中國操縱匯率的意見。溫家寶進一步解釋人民幣匯率的形成機制，指出中國政府堅持在合理均衡的水準上，保持人民幣匯率基本穩定。對於美國的說法，溫總理也予以駁斥。他說：「這次金融危機的始作俑者，是某些經濟體自身經濟的嚴重失衡，主要是長期的『雙赤字』、

⓯【匯率操縱】匯率調整屬一國主權範疇，但操縱匯率卻是ＩＭＦ和ＷＴＯ明確禁止的。以美國為首的一些西方國家一再指控中國操縱匯率，認為應該對中國採取反補貼措施。其中，美國國會一些議員提出了一系列針對中國的法案，如《匯率報復法案》、《中國貨幣法案》和《美國貿易權行使法案》。在此，我們分析中美之間發生的關於中國是否操縱匯率並構成反補貼要件，以正視聽。之所以對操縱匯率進行界定，一方面是因為匯率制度關係到一個國家的主權問題，另一方面是因為匯率問題也是一個金融問題，而不是貿易問題，所以應由國際貨幣基金組織管轄。如果美國以中國操縱匯率是財政補貼為由向ＷＴＯ申訴，則會因前提條件不具備或程式上的衝突而被爭端解決機構駁回。而且按照ＩＭＦ制定的原則，應該尊重各會員國國內的社會和政策，並且對各會員國的境況給予應有的考慮。顯然，中國匯率制度符合基金協定的規定。另一方面，這樣做的目的是為了創造有秩序的經濟和金融條件，保持匯率不經常變動，努力促進外匯制度的穩定。如果美國將中國列為匯率操縱國，它就必須據此對中國實施嚴厲的貿易制裁，屆時很可能引發雙方的大規模貿易戰，並超出兩國範圍，波及全球。

靠借債保持的高消費。對一些金融機構，長期失去有效監管，使他們利用高槓桿率來獲取巨額利潤，一旦泡沫破滅，災難便波及全世界。一個有十三億人口的發展中大國，目前人均國內生產毛額水準只相當於英國的十六分之一，我們亟需資金進行建設，改善民生。那些靠舉債而過度消費的人反過來責難借錢給他的人，這不是顛倒是非嗎？中國有句話叫『豬八戒倒打一耙』我在達沃斯談到這個觀點的時候，大家是贊同的。」

二〇〇九年三月十三日，中國總理溫家寶在一場中外記者見面會時，又被問到了人民幣匯率問題。溫家寶解釋了最近三年來人民幣的升值幅度和政府的目標。他指出，自二〇〇五年七月匯率改革以來，人民幣在過去三年對美元升值二一%。最近這一年，由於歐洲貨幣、亞洲貨幣大幅地貶值，人民幣實際上也處在升值的狀況。不過，人民幣匯價由中國自己決定，任何國家不能對人民幣升值或貶值施加壓力。

溫家寶總理在二〇一〇年三月十四日結束的全國人大代表會上明確表示，人民幣沒有被低估，人民幣升值也不能解決美國貿易逆差的問題。

緊接著，中國國家主席胡錦濤出席在華盛頓召開的核安全高峰會，並發表了重要講話。這一次與經濟問題看似無關的會議，讓中國即將被扣上匯率操縱國帽子的風波暫時告一段落。然而經濟界仍然普遍預測，美國逼迫人民幣升值的壓力將長期存在。

借鑑他國的經驗與教訓

中國用了不到十年的時間，改變全球的市場格局，註定會面臨很多摩擦和挑戰。

美國經濟學家、諾貝爾經濟學獎得主克魯曼在他撰寫的文章中寫到：我們面臨的是一個非常艱難的時代，要解決目前這個問題沒有一個方便、簡單的答案。

很難看到這個威脅到底什麼時候會終結。貿易保護主義可能會抬頭，也許全球會像日本二十世紀九〇年代出現的「迷失的十年」一樣。這會給我們沿著全球化的方向發展帶來毀滅性的打擊。面對這樣的艱難時代，中國應該作何選擇？

日本前駐經合組織首席談判代表前田匡史談到日本的情況：「我們在二十世紀九〇年代出現的問題，跟中國的情況也有一定的相似點，但是並不相同。相同點是，我們都對美國存在貿易順差，都是美國的主要出口國；不同的是，兩國的國內經濟和市場的規模。日本是一個小國，在二十世紀八〇年代的經濟還比較弱，而中國擁有比較強大的國內市場。」

儘管中國的消費人口有七億之多，但一直以來由於收入、醫療、教育等方面的保障仍然不足，因此要在短時間內啟動這龐大的七億人的消費能力，必須完成很多系統工作。

反觀中國現行的經濟結構，德國等老牌的工業強國曾經保持了二十年的增長，面對貿易摩擦和「廣場協議」，德國馬克對美元升值七〇．五%，當這對德國的外貿造成衝擊時，德國政府並沒有採取貨幣刺激政策，而是花了四年的時間理順了德國的經濟發展體系：改變原來以工業職業教育為主的模式，發展營養、護理、金融、服務等一百多個新的職業教育學科，同時提高國民收入，增強國內的消費能力；頒布一系列扶持小企業的辦法，通過中小企業的發展尋找新的行業和亮點，並且提供就業。三年之後，德國經濟增長率已經強勁回升至三．七一%，一九九〇年更是超過五%。在經歷短暫的衰退之後，德國回復經濟平穩，並保持在三%至五%的增長路徑上。

沈繼如評論說：「我們現在說擴大內需，換句話說，就是減少對國外市場依賴，減少中國貿易順差。」

中國經濟已經快速成長了三十年。縱觀近代經濟發展，國際上連續四十年保持七%以上成長的有三個地區：香港、新加坡和韓國。相對而言這些都是比較小的經濟體，大的經濟體尚無前例。那麼，中國經濟的強勁增長情勢還能保持多久？

金融危機的衝擊讓中國認識到，當經濟增長回落到六%的水準時，中國就會出現大量企業不盈利、出現上千萬農民工失業的現象。究其原因，是因為中國的企業主要靠便宜的土地、勞動力，靠市場容量快速擴張賺錢，這樣的企業現金流量[16]好、賺錢快，但不會在市場需求增長放慢以後靠技術進步、提高生產率來盈利。

未來，我們必須像德國一樣，做好轉入中等速度發展時期的準備。這不僅為企業轉變發展方式提出了新的要求，更為金融、服務、政策引導提出了新的要求。

⓰【現金流量】現代理財學中的一個重要概念，是指企業在一定會計期間按照現金收付實現制，通過一定經濟活動（包括經營活動、投資活動、籌資活動和非經常性項目）而產生的現金流入、現金流出及其總量情況的總稱。也就是企業一定時期的現金和現金等價物的流入和流出的數量。

現金流量決定企業的價值創造能力，企業只有擁有足夠的現金才能從市場上獲取各種生產要素，為價值創造提供必要的前提。而衡量企業的價值創造能力正是進行價值投資的基礎。研究發現，現金流量決定企業的價值創造，反映企業的盈利品質，決定企業的市場價值，並最終決定企業的生存能力。

本篇後記

貿易保護主義不僅傷害了自由貿易的國際準則，對實施貿易保護的國家來說最終也得不償失。美國著名經濟學家道格拉斯·歐文曾經舉過一個例子，二十世紀九〇年代舊金山重修歐克蘭灣大橋的時候，加利福尼亞州政府規定只能使用美國生產的鋼鐵，最後一家美國企業中標。結果這個選擇卻使得加州的納稅人多支付了四億美元，而本來這筆錢可以帶來更多的就業機會，創造更多的GDP。

貿易保護主義已經被無數事實證明只是一條死胡同，但作為一種應對經濟危機的工具，它經常被一些政治人物拿來充當吸引公眾注意力、爭取選票的獨門武器。儘管他們無論從理論上還是在實踐中，都非常清楚貿易保護主義會給全球經濟帶來巨大的危害，但是出於自身利益的考慮，這些人仍然會作出不負責任的決定。

雖然當前這場金融危機似乎又替貿易保護主義找到了市場，但從這場危機迅速席捲全球的速度來看，它恰恰在用另外一種方式來證明一個論斷——世界是平的，互聯網、物流和全球化大市場把各個國家的經濟血脈緊緊連在一起，誰都不可能輕易從這場危機中抽身而退。

全球視野54

貿易戰爭：500年全球貿易進化史

2011年8月初版　　定價：新臺幣280元

編著　韓青
　　　高先民
　　　張愷華
發行人　林載爵

出版者　聯經出版事業股份有限公司
地址　台北市基隆路一段180號4樓
編輯部地址　台北市基隆路一段180號4樓
叢書主編電話　(02)87876242轉223
台北忠孝門市：台北市忠孝東路四段561號1樓
電話：(02)27683708
台北新生門市：台北市新生南路三段94號
電話：(02)23620308
台中分公司：台中市健行路321號
暨門市電話：(04)22371234 ext.5
高雄辦事處：高雄市成功一路363號2樓
電話：(07)2211234 ext.5
郵政劃撥帳戶第0100559-3號
郵撥電話：27683708
印刷者　世和印製企業有限公司
總經銷　聯合發行股份有限公司
發行所：台北縣新店市寶橋路235巷6弄6號2樓
電話：(02)29178022

叢書主編　鄒恆月
校對　高雅茜
封面設計　李潔
書腰設計　柯明鳳
內文排版　林燕慧

行政院新聞局出版事業登記證局版臺業字第0130號

本書如有缺頁，破損，倒裝請寄回聯經忠孝門市更換。　ISBN 978-957-08-3841-1 (平裝)
聯經網址：www.linkingbooks.com.tw
電子信箱：linking@udngroup.com

國家圖書館出版品預行編目資料

貿易戰爭：500年全球貿易進化史/
韓青、高先民、張愷華編著．初版．臺北市．
聯經．2011年8月（民100年）．
256面．14.8×21公分（全球視野：54）
ISBN 978-957-08-3841-1（平裝）

1.國際貿易史

558.09 100013144

十五、十六世紀
葡萄牙、西班牙海上探險路線簡圖
半島
君士坦丁堡
海
亞歷山大港
開羅
紅海
州
肯亞
馬林迪
印度洋
中國
印度
台灣
太平洋
望角

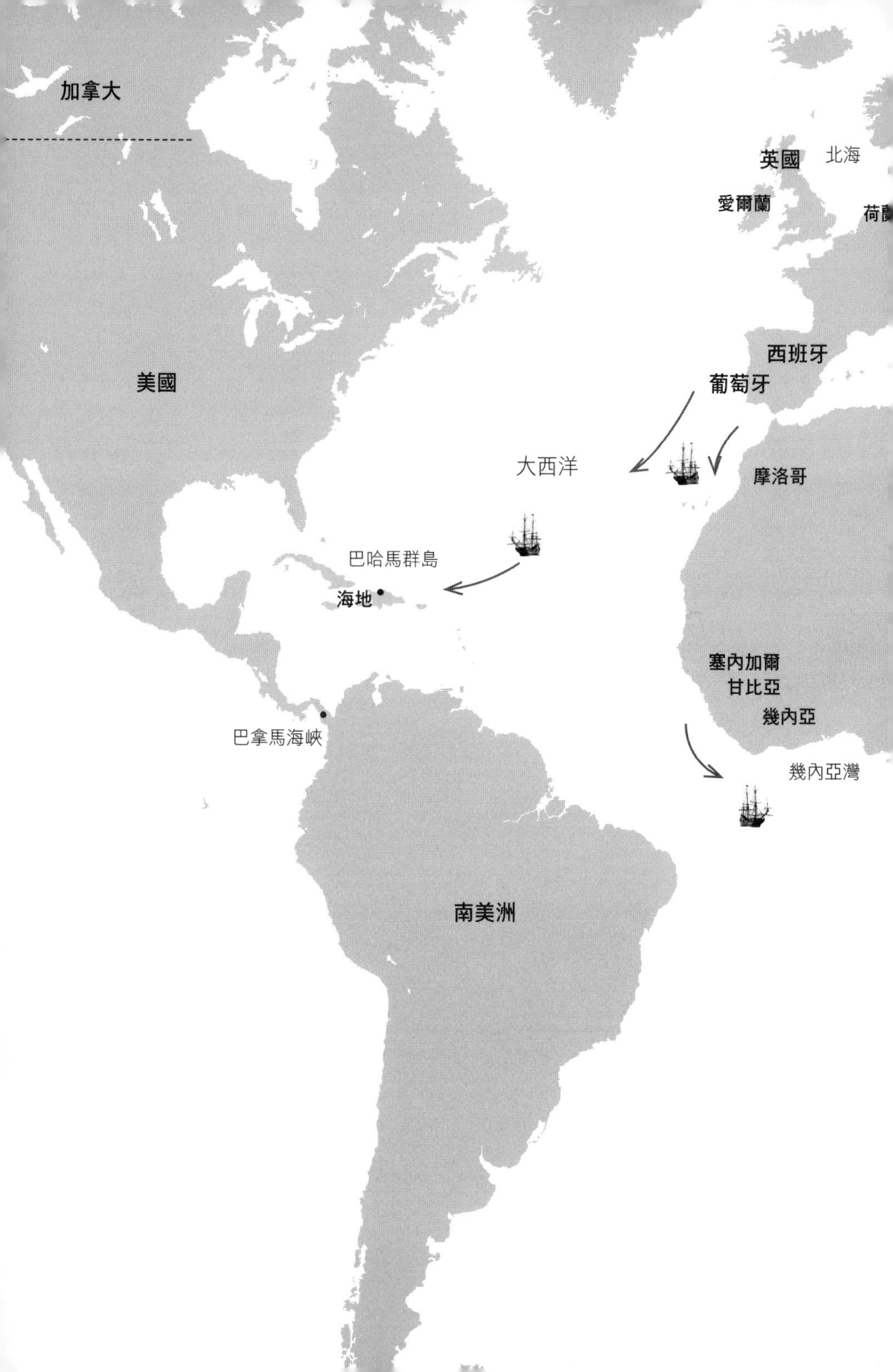
加拿大
英國
北海
愛爾蘭
荷蘭
西班牙
葡萄牙
美國
大西洋
摩洛哥
巴哈馬群島
海地
塞內加爾
甘比亞
幾內亞
巴拿馬海峽
幾內亞灣
南美洲